AF458293

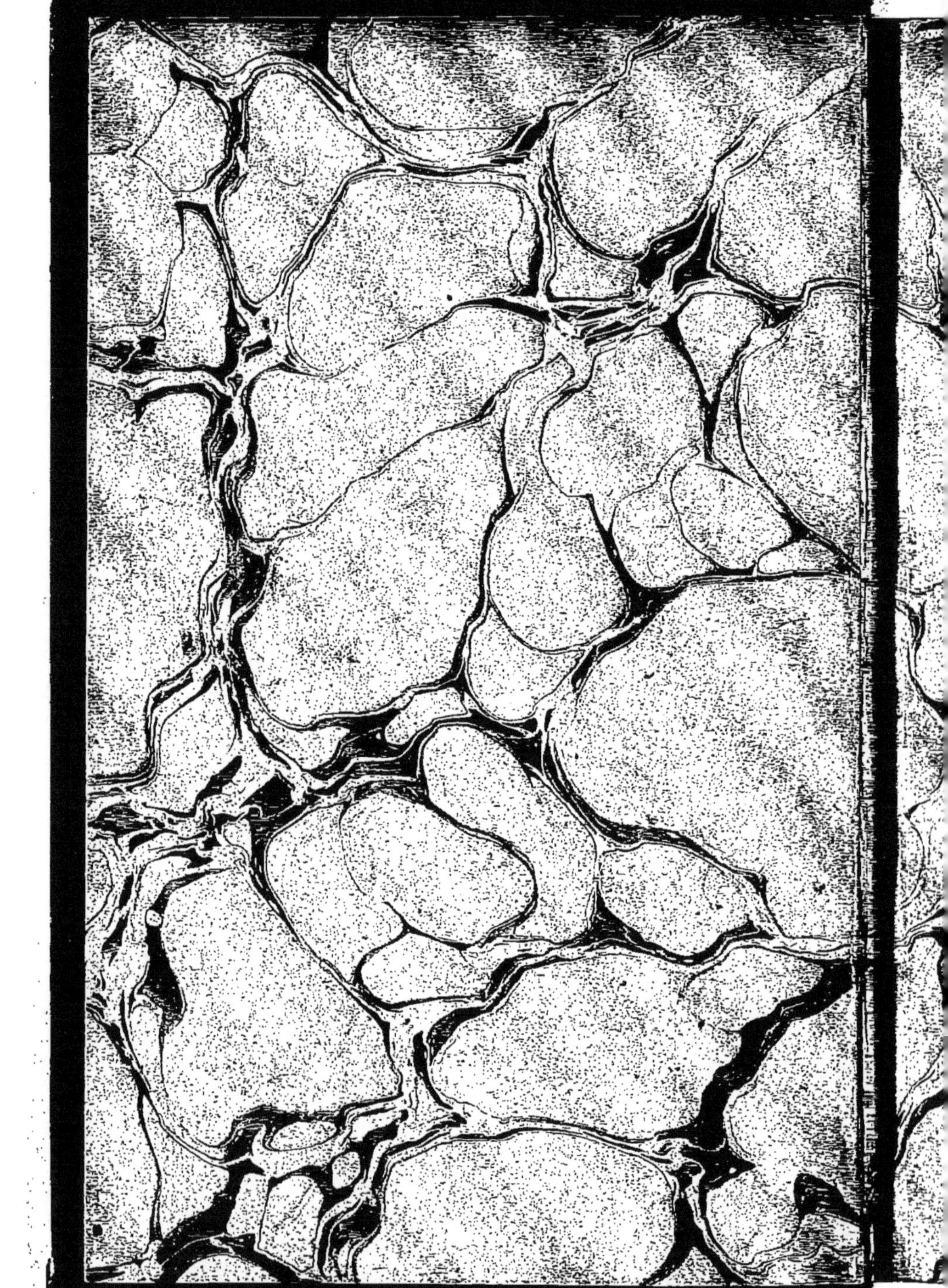

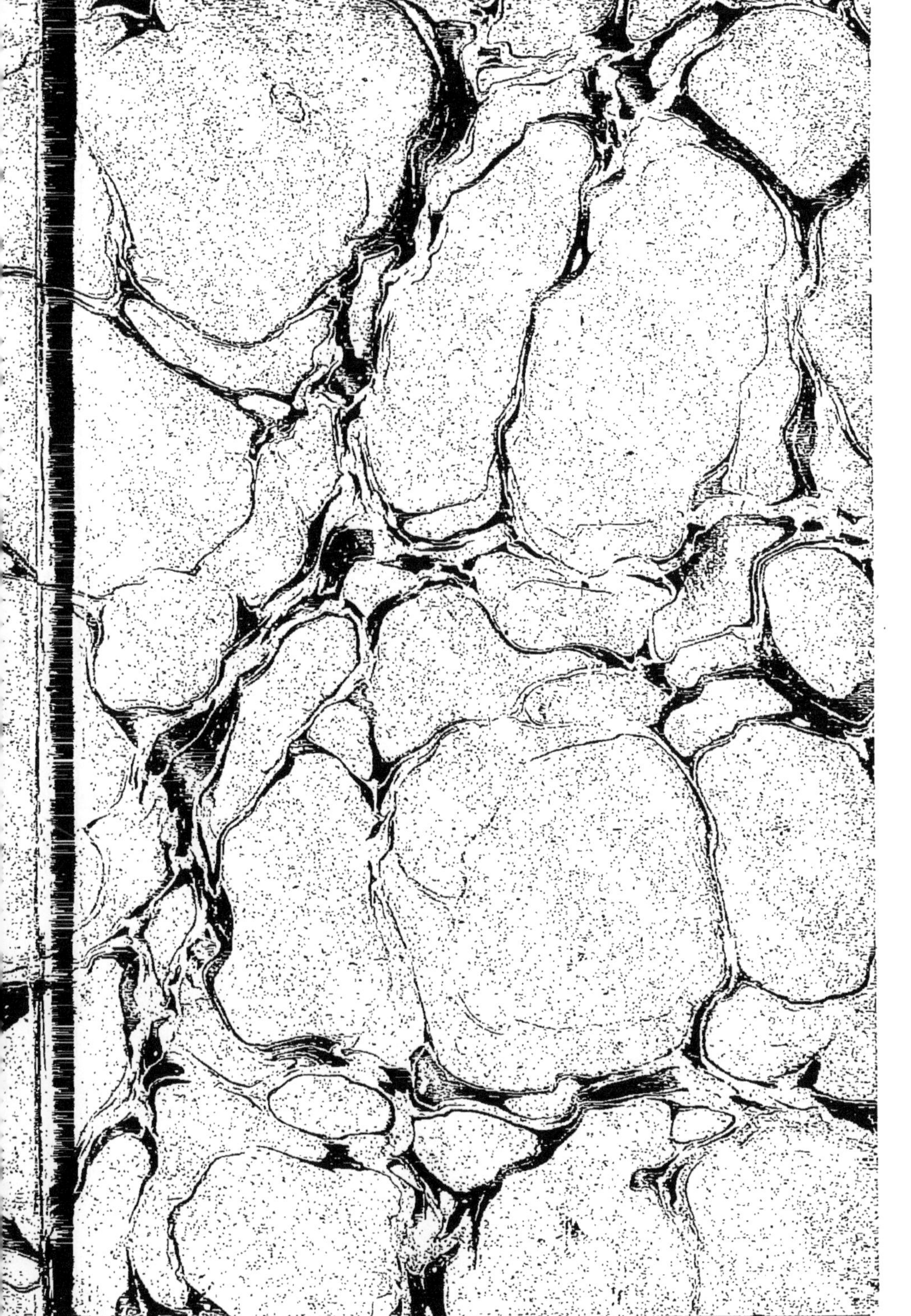

BIBLIOTHÈQUE SCIENTIFIQUE UNIVERSELLE

Arsène ARUSS

LA GRAPHOLOGIE SIMPLIFIÉE

L'ART DE CONNAITRE LE CARACTÈRE

PAR L'ÉCRITURE

THÉORIE ET PRATIQUE

PARIS

ERNEST KOLB, ÉDITEUR

8, RUE SAINT-JOSEPH, 8

LA

GRAPHOLOGIE

SIMPLIFIÉE

ÉMILE COLIN — IMPRIMERIE DE LAGNY

ARSÈNE ARUSS

LA GRAPHOLOGIE SIMPLIFIÉE

ART DE CONNAITRE LE CARACTÈRE PAR L'ÉCRITURE

THÉORIE ET PRATIQUE

PARIS
ERNEST KOLB, ÉDITEUR
8, RUE SAINT-JOSEPH,

A MA SŒUR

AVIS DE L'ÉDITEUR

Publier un Traité de Graphologie, quand il en existe déjà six ou sept, serait une erreur ou une prétention, si malgré tous ces différents traités dont nous ne voulons ni diminuer, ni discuter la valeur, il ne s'étalait une lacune que nous espérons combler par la GRAPHOLOGIE SIMPLIFIÉE.

Les graphologues qui jusqu'ici se sont occupés de décrire et de traiter cette science, l'ont fait plus souvent pour eux, pour leurs adeptes, pour étaler leur savoir, ou pour combattre des doctrines différentes, que pour les personnes qui désirent comprendre et étudier cette science nouvelle.

Les autres traités de Graphologie dont, encore une fois, nous ne prétendons point nier le mérite, sont des ouvrages compliqués, pleins de recherches minutieuses, d'érudition savante, voire de mots spirituels, de conclusions philosophiques, le tout écrit dans un langage trop spécial qui exigerait, à coté des volumes, un glossaire : on s'y heurte à chaque ligne à des « MOTS GLADIOLÉS..... BARRES EN HARPON..... MAJUSCULES MASSUÉES..... PARAPHE ARACHNÉIDE..... TRAITS DE PROCUREUR..... *écriture* ASCENDANTE..... *sans parler d'un abus d'*INTUITISME, ALTRUISME, DÉDUCTIVISME. »

Ces termes sont inutiles puisque la langue française en possède d'analogues à la portée de tout profane; de plus, dans un traité, ils sont nuisibles; le lecteur, simple ignorant, ou curieux affairé, se fatigue de ce pathos, s'en dégoûte, et referme le volume sans aller plus loin.

Nous avons donc prié l'auteur de la GRAPHOLOGIE SIMPLIFIÉE *de n'employer que des mots connus et courants, ce jargon graphologique — dont il est à souhaiter que l'on revienne, surtout en France où la pédanterie tue par le ridicule les plus belles idées — ce jargon graphologique à peine tolérable entre initiés, est ennuyeux et grotesque vis-à-vis des débutants; pour le reste de l'ordonnance du volume la même intention a été scrupuleusement suivie par M. Arsène Arüss. Le style a été sacrifié à la clarté: une grammaire est un livre d'étude sans prétention à user de la prose châtiée. Quant aux exemples, ils sont plus abondants que dans les autres traités; et sauf des exemples classiques et historiques, presque tous appartiennent à des contemporains et sont iné-*

dits; en outre, c'est la première fois que l'on publie un alphabet graphologique aussi complet et aussi soigné.

Qu'il nous soit permis, en terminant, de remercier tous ceux qui ont bien voulu mettre à notre disposition leurs collections, leurs albums et leurs autographes, avec une complaisance aussi désintéressée.

L'ÉDITEUR.

ERRATA

Page 2, fig. 1. Le cliché a été penché, le sens de l'écriture est horizontal.

Page 124, fig. 129. Même remarque.

Page 147, fig. 156. Cliché de travers.

Page 167, fig. 178. Le cliché a été penché, l'écriture est horizontale.

Page 168, fig. 179. Même remarque.

Page 171, fig. 183. Même remarque.

Page 181, fig. 5. Regardez l'*m* en prenant le livre de façon à ce que le chiffre de la page soit à gauche et en haut.

— fig. 6. Pour la lettre suivante faire le contraire, c'est-à-dire mettre le chiffre de la page en bas et à droite.

Page 188. Cliché de travers.

Page 197, fig. 3. Cliché de travers.

Page 198, fig. 5. Cliché de travers.

Page 199, fig. 4. Cliché de travers.

Page 207, fig. 1. Cliché à l'envers.

Page 216, fig. 5. Cliché de travers.

Page 224, fig. 6. Cliché retourné.

Page 241. Le cliché se trouve à la page 147, fig. 159.

NOTES PRÉLIMINAIRES

Tout geste est un traître, dit le proverbe arabe. Tout geste est un dénonciateur, car toute mimique humaine trahit une personnalité, et puisque la science anthropologique pénètre chaque jour plus avant l'homme, cette science désormais s'aidera du levier de la graphologie qui exprime l'art de découvrir le caractère par l'écriture.

Jamais science à ses débuts n'acquit plus vite une autorité plus sûre par des démonstrations plus logiques.

L'écriture n'est point, ainsi qu'on se l'imagine, une série de traits conventionnels et inanimés. Ne paraît-il pas inadmissible que la main, cet organe si habile, et qui est au niveau de l'œil, de la bouche et de l'oreille, la traductrice de notre esprit, ne semblet-il pas inadmissible que la main, cet outil apte à tous les arts, à tous les métiers, ne puisse donner au plus fréquent de ses exercices, à l'écriture, l'expression intime de celui qui la guide, et ne fasse pas de cette écriture — qui est à la fois un produit des nerfs et des muscles, du cerveau et de la pensée — une interprétation d'autant plus révélatrice qu'elle est inconsciente ?

Dans chaque art, dans chaque métier, c'est la main qui est le total de l'œuvre; pourquoi alors, en dépit de l'opposition irraisonnée des détracteurs de la graphologie, pourquoi celle-ci ne saurait-elle être mise parmi les sciences exactes? Il est facile de s'assurer qu'il n'existe point deux écritures semblables (1). Un maître enseigne un modèle à dix enfants, et au bout de vingt ans ces enfants auront chacun une écriture différente que chacun d'eux se sera donné sans le savoir, ni le vouloir. D'autre part est-ce qu'une lettre maculée de pâtés d'encre, pliée de travers, n'est pas d'un aspect malpropre?... Est-ce qu'une lettre tracée sur un grand papier, avec de grandes marges, de grands alinéas, et de

(1) Le docteur Cusco, de l'Académie de Médecine, prépare un opuscule sur l'atavisme en écriture. Certaines familles dont les membres, à cause de la différence d'âge, ne se sont jamais vus, ont en effet des écritures possédant un air de parenté; ainsi, les Romanoff, depuis Paul Ier, ont des écritures analogues, les Metternich également. (Voir page 84, fig. 78 et 79).

grands caractères, n'évoque pas une idée de gaspillage?... Ce sont là des faits qui sont sensibles à tout esprit judicieux. Pourquoi donc alors la graphologie, qui a été l'objet d'études si consciencieuses, serait-elle inapte à expliquer les raisons de ces faits?... Il faut conclure qu'à moins d'un aveuglement volontaire, l'idée et la sincérité de la graphologie sont indéniables.

La graphologie n'a pas été fondée en un jour par un illuminé tel qu'on se représente l'abbé Michon ; le mérite de celui-ci a été de réunir les éléments épars de cette science, de les détailler, de les comparer, de les classer, pour en former un corps de doctrine, qui deviendra chaque jour de plus en plus précis, ouvrant par là, à l'anthropologie, un champ de plus en plus vaste (1).

Depuis l'abbé Michon, plus d'une découverte a été acquise, plus d'une autre se produira, car la graphologie vient à peine de naître, et elle attend le concours de tous pour obtenir un développement complet. Analyser une écriture n'est que le début de l'étude; il faut ensuite la collationner. Pour définir les traits de l'écriture d'un despote, le graphologue

(1) Lire à ce sujet l'*Histoire de la Graphologie*, par Emilie de Vars, et le *Caractère et l'Écriture*, par Crépieux-Jamin.

a examiné l'écriture de Napoléon Ier, de M. de Bismarck, de Robespierre, de Richelieu, de Louis XI, de Frédéric le Grand, de Toussaint-Louverture, de Fouquier-Tinville, de Carrier, etc., etc., puis quand il a retrouvé les mêmes traits principaux : les angles, les lignes épaisses, les *massues*, les finales courtes, l'aspect brutal, pâteux, agressif, etc., etc., traits modifiés, tantôt par le génie, tantôt par la bassesse, il possède un type *d'écriture de despote*, type avec lequel désormais il comparera l'écriture de n'importe quel despote, roi ou épicier. Ce procédé si minutieux a été — et doit être — suivi en matière graphologique, depuis les lignes générales jusqu'aux moindres iotas ; tout est noté, pesé, compulsé, et comparé, comparé surtout et toujours.

A vrai dire, on a lancé plus d'une objection contre la graphologie, et la première est celle-ci : « Une personne possède parfois plusieurs écritures. » En principe, *non;* ou bien à l'écriture primitive s'est substituée une écriture factice que le graphologue perce de suite, ou bien ces différentes écritures ne font qu'indiquer un caractère versatile ; du reste ces soi-disant différentes écritures ne diffèrent jamais du tout au tout. (Il va de soi que celui qui déguise son écriture devant un graphologue par sottise ou mensonge, ne doit jamais s'étonner de l'inexactitude du portrait graphologique qu'on lui présente, s'il a assez de franchise pour en convenir au moins tout bas.)

La seconde objection est celle-ci : « Une impression subite, peur, maladie, déception, altère l'écriture. » Certes, ces impressions peuvent modifier en quelque sorte l'écriture ; cependant, si la personne qui écrit sous une impression de crainte est avare, vulgaire, égoïste, il est sûr que rien ne donnera à son écriture les signes qui dénotent la générosité, l'élégance et le désintéressement ; à son avarice, à sa vulgarité, à son égoïsme, s'ajouteront, en outre, les signes de la crainte ; ce sera une addition et non une transformation ; le naturel reparaît alors même qu'on s'en doute le moins, ou quand on pense l'avoir le mieux déguisé.

« Chaque race possède son écriture », protestent encore nos adversaires, « un graphologue connaisseur de l'écriture des peuples latins est dérouté devant les signes de l'écriture d'autres alphabets. » Dans sa généralité, cette remarque est juste ; pourtant elle ne saurait diminuer l'autorité de la science graphologique. Ce n'est pas seulement devant un graphologue que de tels obstacles surgissent. Un étymologiste, fût-il de première force en langues néo-latines, peut-il décider avec autant d'assurance en langues slaves ou mongoles ?... Ce n'est pas une difficulté qui l'arrête, c'est l'inconnu, et, s'il veut étudier ces caractères qui lui étaient fermés auparavant, il sera bientôt aussi bon graphologue en caractères hébraïques, chaldéens, turcs, que l'était l'abbé Michon, ou que l'est aujourd'hui Crépieux-Jamin, en caractères germaniques; toutefois on peut ajouter que dans n'importe quelle langue et quel caractère, un graphologue habile découvre au moins l'ensemble qui, lui, ne varie guère. Quant à avancer que chaque race possède un type d'écriture, cela est positif, et ce n'est d'ailleurs qu'un témoignage qui appuie notre thèse. En effet, une nation peut s'incarner dans un type d'écriture, à tel point, qu'au premier coup d'œil nous pouvons distinguer un mot tracé par une plume anglaise, d'un mot tracé par une plume française.

Outre ces arguments qui ne sont ni difficiles ni dangereux, on insinue qu'il est mille nuances psychologiques qui semblent souvent se contrarier et même s'exclure l'une l'autre... Ces contrastes surgissent dans chaque espèce morale. On trouve peu de caractères si parachevés par la nature — ou la volonté — qu'il ne s'y glisse de ces assemblages disparates, nés d'inconscience, d'hérédité, de tradition, ou de surcharge. Loin de briser la ligne d'une silhouette, ces contrastes ajoutent à la véracité d'un portrait graphologique. Il en est de cette science comme de la plupart de celles qui se rattachent à l'homme et à l'observation : on explique les effets et les résultats... aussi parfois les causes, les origines.... rarement les *parce que*, et plus rarement encore les *pourquoi?*

En dehors de l'intérêt et de la curiosité que présente une étude dont la sphère est aussi aisée à parcourir qu'abondante, le profit en est si incontestable qu'il est presque oiseux d'insister à cet égard ; il est surprenant qu'à notre époque, le médecin, le magistrat, quand ils se trouvent en présence de documents intimes, mémoires, notes, lettres, testaments olographes douteux, faux, anonymes, n'aient pas encore songé à employer la graphologie.

La graphologie est une délation qui nous livre l'être à nu : plus que le style, plus que la physionomie, l'écriture, cette spontanée, parle : c'est donc une arme défensive, et dans notre époque de problèmes, de dégénérescences, de *lâcheries*, qui n'ont même pas le front d'être des « lâchetés », cette arme, fût-elle insuffisante, est précieuse. La graphologie en est là, sur ce seuil où, quittant le domaine de la curiosité, elle entre dans le domaine de l'utilité en disséquant le mécanisme d'un caractère... « C'est » tout ce que j'essaye de prouver et d'indiquer, car

» le plus vif plaisir d'un esprit qui travaille consiste
» dans la pensée du travail que les autres feront à
» sa suite. » (H. Taine.)

Décembre 1890. — Septembre 1891. — Paris.

RECOMMANDATIONS PRÉALABLES

En principe, il ne faut jamais tenter de tracer un portrait graphologique d'après une écriture au crayon.

Tâcher d'obtenir deux fragments de correspondance intime, avec la signature.

Les brouillons sont trop négligés. Les nets trop appliqués.

Une enveloppe est insuffisante, puisqu'il n'y a ni marges, ni alinéas, ni signature ; pourtant elle n'est pas négligeable au point de vue du numéro, des barres, soulignements, parenthèses.

Obtenir autant que possible, si l'on vise à un portrait très complet, des écritures à différentes époques de la vie.

Lire toujours les documents pour s'assurer qu'ils ne sont pas écrits sous l'empire d'une trop vive émotion, ce qui peut altérer momentanément.

Débuter par l'étude de sa propre écriture, ou celle de personnes que l'on connaît beaucoup.

Se servir d'une loupe ; on ne peut réellement étudier les détails des points, barres, finales, qu'à l'aide d'une loupe.

Ne pas se laisser impressionner par le style.

Noter par écrit chaque observation, avec le résultat correspondant, comme il est indiqué au « Modèle de portrait graphologique », page 253.

Quand le texte est en désaccord avec l'exemple in diquant LÉGER *ou* AÉRIEN, *là où le cliché est* ÉPAIS *ou* TREMBLOTANT, *il faut excuser les erreurs du tirage, ou des mains peu habiles à calquer les autographes.*

LA GRAPHOLOGIE

SIMPLIFIÉE

THÉORIQUE ET PRATIQUE

ÉCRITURE ARTIFICIELLE

Les recherchés. — Les affectés. — Les vaniteux. — Les factices. — Les singuliers. — Les bizarres. — Les extravagants. — Les fous.

Recherche de l'effet. — Aberrations du bon sens.

L'écriture *artificielle* est celle dont les lettres révèlent une forme qui s'écarte complètement de la forme ordinaire.

Cette écriture, qui se fait remarquer, est aussi l'écriture de ceux qu'on remarque.

L'écriture *artificielle* est tantôt feinte, tantôt spontanée; lorsque c'est une écriture feinte elle est mélangée, et l'on trouve, à côté de formes excentriques et compliquées, des formes courantes et habituelles; en ce cas, l'artifice qui est imposé, revient aux mêmes lettres avec les mêmes écarts, c'est un pli tracé d'avance.

Voici un mot, *Monsieur*, de Jules Barbey d'Aurevilly; il est certain que la main qui a tracé *onsieur* avec tant de simplicité, n'a pu

Fig. 1.

Ecriture àrtificielle. — Les affectés. — Les recherchés.

tracer cet *M* d'une allure si prétentieuse, si affectée, si vaine, si factice, que sous une volonté inébranlable de se singulariser en ne faisant pas un *M* comme tous les *M*, dans un délire naïf de la recherche et de l'effet à tout prix ; dans la signature, même recherche, le *J*, le *B*, l'*Y*, l'*A*,

Fig. 2.

Ecriture artificielle. — Les recherchés. — Les affectés.

et le paraphe, sont un boniment bien tambouriné.

Dans ces fragments d'une lettre et d'une enve-

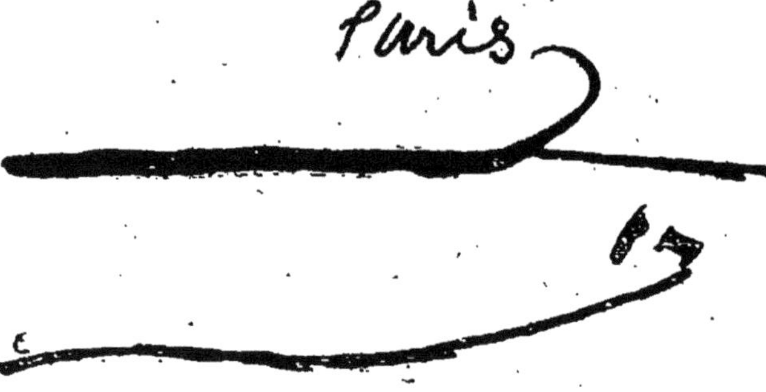

Fig. 3.
Ecriture artificielle. — Les affectés. — Les recherchés.

loppe, l'*M* majuscule et le *d* de *attendons* sont aussi flambants et aussi fanfarons que le 7 du numéro placé sur l'enveloppe; le numéro, qui en général se prête peu à la factisation de l'écriture *artificielle,* le 7, est défiguré par une traînée baroque sans rime ni raison.

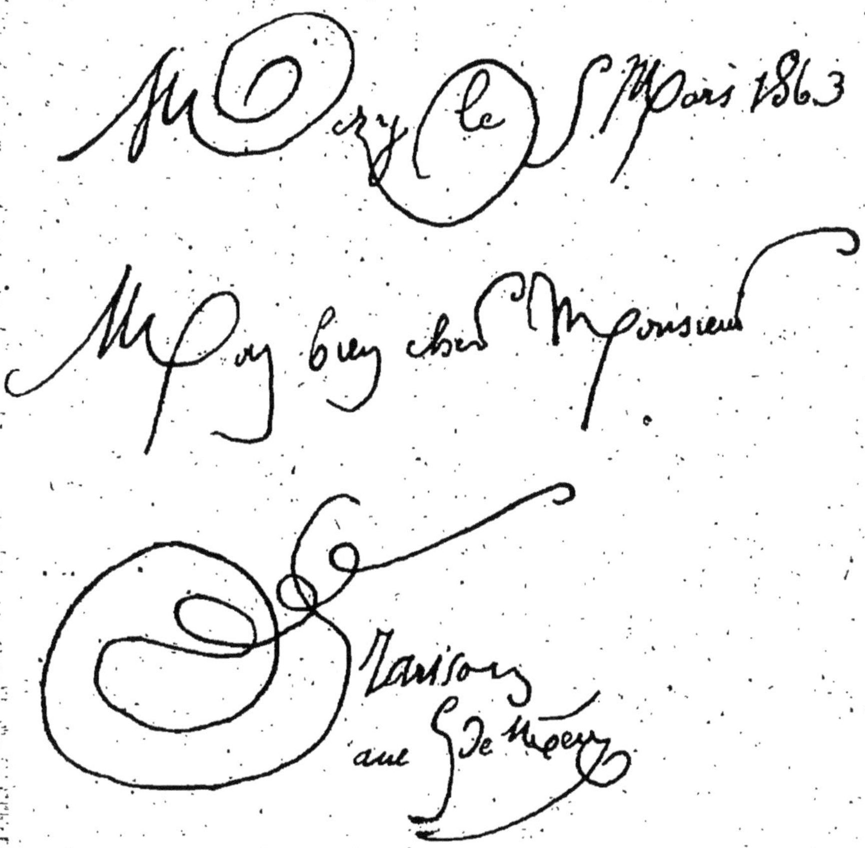

Fig. 4.
Ecriture artificielle. — Les vaniteux.

A côté de tout ce tapage à l'encre, les lettres qui ont échappé à ce fracas sont empreintes de sobriété, de clarté, de logique, de franchise, des dons, enfin, d'un esprit parfaitement en équilibre

Fig. 5.
Ecriture artificielle. — Les vaniteux. — Recherche de l'effet.

mais qu'une volonté tenace de factisation a moulé sous un masque.

Il ne faut pas s'imaginer que la haute situation sociale ou la haute valeur morale d'un homme seule produise l'écriture *artificielle ;* un inconnu, l'humble curé d'un village, nature factisée montre le même besoin de se singulariser (fig. 4).

Si au lieu d'être l'écriture *artificielle* d'un esprit parfaitement équilibré et d'un esprit d'élite, l'écriture *artificielle* est celle d'un esprit simplement amoureux d'originalité ou de fantaisie, courtisan de la bagatelle ou de la gloriole, qui ne vise pas à une couronne, mais à une cocarde, l'écriture *artificielle* se contente, comme chez Arsène Houssaye (fig. 5), de petits traits coquets et amusants. Si, à tous ces sentiments, on ajoute celui d'une finesse assez grande pour comprendre tout ce que l'affectation a de ridicule et vouloir s'en garer, on arrive, à force d'ingéniosité, à se créer, comme Gyp (fig. 6), une écriture *artificielle*, en apparence d'un extrême naturel, et au fond, d'un extrême recherché, en écrivant, sans doute, avec une plume d'autruche, ou la pointe d'une allumette.

Gyffo prie Monsieur
Eugène Able de
recevoir tous les
remerciements.

Fig.

Ecriture artificielle. — Recherche de l'effet.

Au contraire des spécimens précédents, si l'écriture *artificielle* n'est pas feinte, quand elle est spontanément produite par un être qui ne juge qu'à son point de vue spécial, alors, comme dans ces deux spécimens, l'un d'un homme (*La Syrie*),

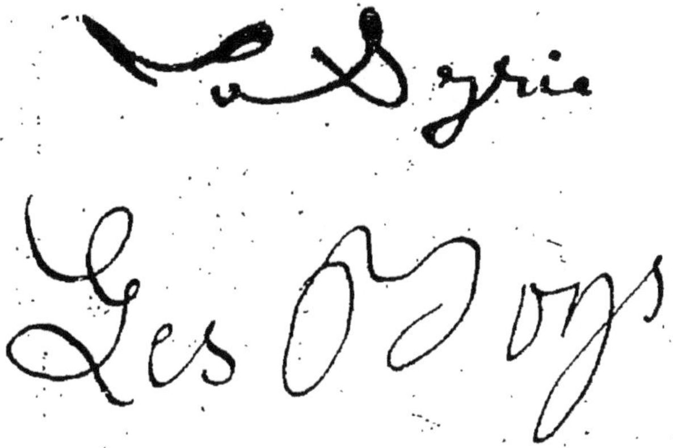

Fig. 7.
Ecritures artificielles. — Les singuliers. — Les bizarres.

l'autre d'une femme (*Les Bons*), elle rejette et repousse les règles les plus élémentaires. L de *La*, L de *Les*, le B de *Bons*, sont d'un baroque auquel l'écriture *artificielle* feinte n'atteindra jamais ; ce n'est plus la forme, mais la déformation ; on sort de l'affecté pour entrer dans l'extravagant.

Bien entendu, l'extravagance a ses degrés, ses

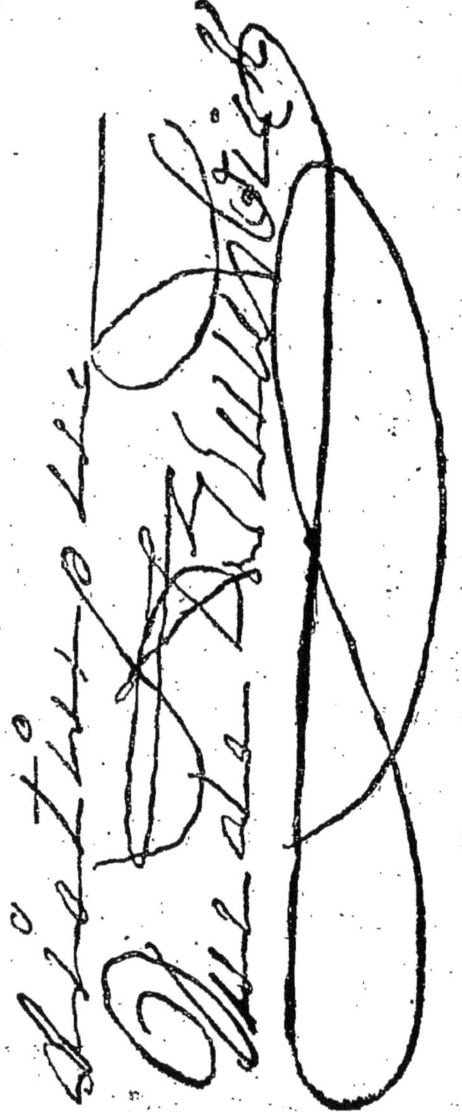

Fig. 8.
Ecriture artificielle. — Les extravagants.

manies ; elle peut être, comme chez le duc de Brunswick (fig. 8), disgracieuse et inélégante, d'une extravagance de mauvais goût ; mais il faut commencer à y remarquer la tendance de former les lettres à rebours. Le *d*, le *c*, le *g*, sont faits à l'envers (c'est le seul signe qui peut parfois rattacher Jules Barbey d'Aurevilly à l'écriture *artificielle* spontanée des extravagants ; les *e* de sa signature montrent parfois la même anomalie).

Au delà, nous arrivons dans le domaine des

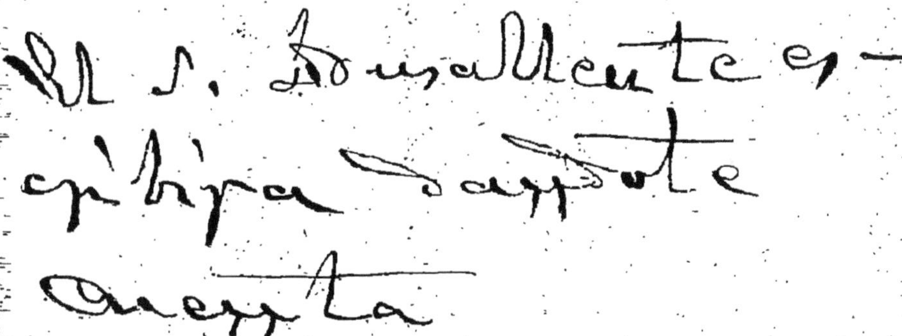

Fig. 9.
Ecriture artificielle. — Les fous.

fous ; déjà *La Syrie*, *Les Bons* (voir plus haut, même chapitre), étaient des spécimens de cerveaux malades ; pourtant en voici un (fig. 9) qui

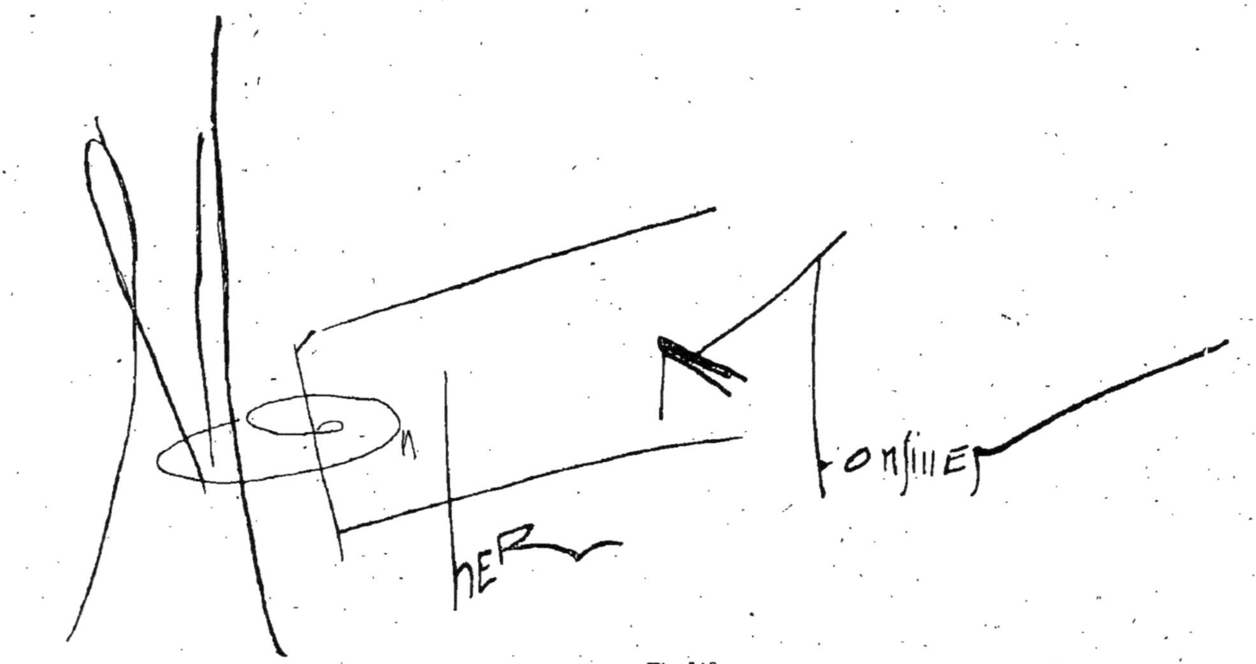

Fig. 110.

Ecriture artificielle. — Les bizarres.

les dépasse de cent coudées, l'écriture d'un Espagnol (traduction : *El Sr Boussallon te escribira dandote cuenta*). Ici la manie consiste dans des petits traits, sortes de virgules semées sur l'*E* majuscule du début, sur les *r* de *escribira*, l'*n* de *dandote* et de *cuenta*.

Jusqu'à aujourd'hui, la graphologie avait cité l'écriture du duc de Brunswick comme un type d'écriture extravagante. Voici deux spécimens, émanant d'un dessinateur de talent, qui dépassent de cent coudées tous les spécimens imaginables ; on ne peut dire que cela soit laid, c'est plutôt du dessin que de l'écriture que ce *Mon cher Monsieur* (fig. 10). Quant à la lettre, en voici le genre (fig. 11), qui se passe de commentaires. Les deux premiers mots signifient « Le terrible » ; pour ce qui est de la ponctuation, sauf un malheureux point égaré au beau milieu, et trois points d'exclamation, elle est absente.

Un dernier renseignement à l'usage de ceux qui étudieront cette écriture : les quatre pages de la lettre sont tracées aussi fantastiquement que

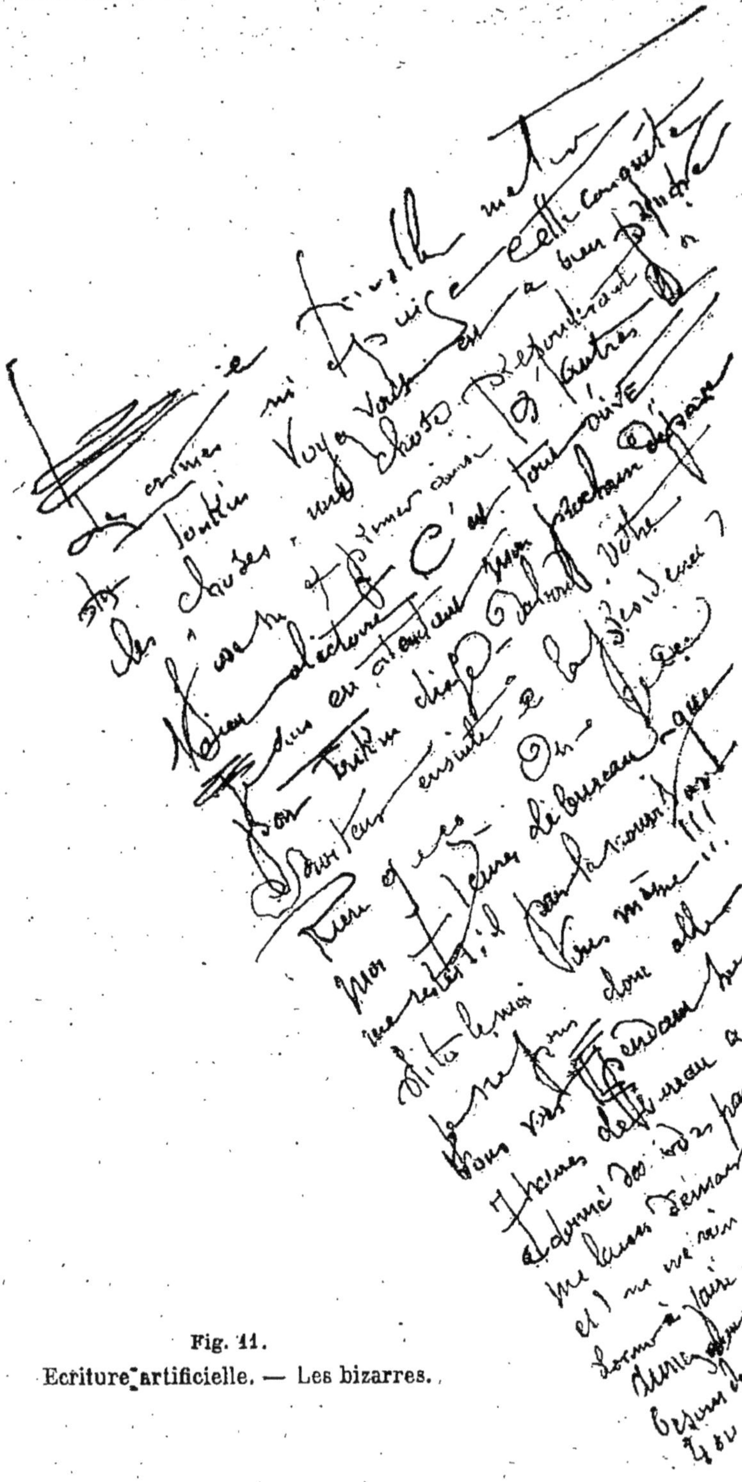

Fig. 11.
Ecriture artificielle. — Les bizarres.

la première; seulement, à l'intérieur, là où la feuille s'ouvre en deux, l'écriture est placée d'un côté : de gauche à droite, et de l'autre côté : de droite à gauche, de façon à se rejoindre au milieu de la feuille, et former un V colossal.

ÉCRITURE CALLIGRAPHIQUE

Les banals. — Les routiniers. — Les prétentieux. Les suffisants. — Les naïfs.

Amour du convenu. — Tendance aux préjugés.

L'écriture *calligraphique* ou *officielle* est celle dont les formes suivent rigoureusement les règles de l'écriture ; on la nomme *calligraphique*, parce qu'elle tend à se rapprocher des modèles d'écriture.

C'est en principe l'écriture des employés, des commis, des commerçants, des copistes, de ceux qui sont obligés d'avoir, coûte que coûte, une écriture très lisible ; en ce cas, c'est une livrée, un uniforme : il devient donc difficile de juger du caractère d'après ces écritures, et il faut examiner si ces personnes n'ont pas, en dehors de leur écriture *officielle*, une autre écriture dont ils se servent pour leurs notes ou leurs correspondances particulières.

C'est aussi l'écriture de ceux qui n'ont pas de personnalité morale, dont les vues sont limitées et les horizons étroits, qui s'en tiennent aux idées reçues ou aux préjugés habituels.

En général, les écritures *calligraphiques* se ressemblent presque toutes, elles ne sont ni trop

J'ai l'honneur

un prospectus

Monsieur

Fig. 12.
Ecriture calligraphique. — Les banals.

penchées, ni trop droites, ni trop fines, ni trop grasses, et sans aucun trait spécial ni distinctif.

Il ne faut pas confondre l'écriture *calligraphique* avec les belles écritures ou les écritures pittoresques : José-Maria de Heredia, Leconte de Lisle, François Coppée, possèdent des écritures superbes de clarté, d'élégance et de forme, mais chacune d'elles a son allure spéciale et il est impossible de ne pas distinguer les unes des autres.

Sous la plume des prétentieux, des suffisants, l'écriture *calligraphique* revêt un caractère odieusement grotesque, elle s'enfle ; ce n'est ni l'orgueil ni la vanité, c'est moins et c'est pis, c'est la suffisance. Alors elle s'agrémente de panaches et de fioritures qui s'étalent avec outrecuidance ; l'écriture *calligraphique* devient l'écriture de ceux qui, n'ayant pas la simplicité, ce génie des humbles, se contentent de la fatuité et de la morgue, cette dignité des nuls.

Voici la signature d'un universitaire (fig. 13), pédagogue implacable ; autant, l'*L* de *Louis*, est mesquin dans les enroulements ratatinés de l'*L* majuscule, autant l'*L* qui enclave le mot et lui tient lieu de paraphe, est sottement et digracieusement enflé.

Fig. 13.
Ecriture calligraphique. — Les prétentieux.

L'écriture *calligraphique* n'est pardonnable que sous la plume d'un enfant, d'une fillette ;

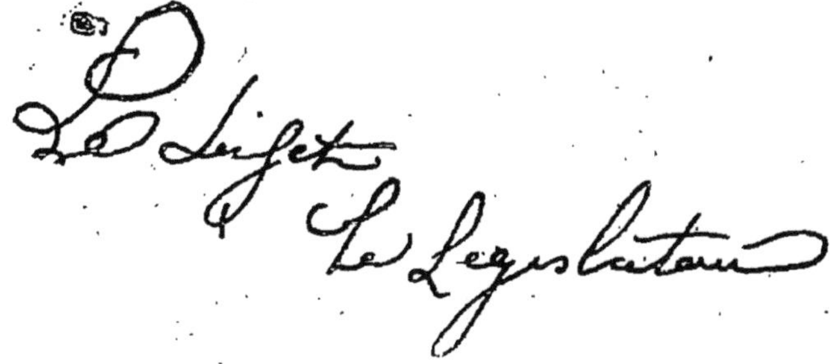

Fig. 14.
Ecriture calligraphique. — Les suffisants. — Les naïfs.

alors elle n'est, ainsi que dans ces deux mots d'un bachelier de seize ans, très fier de son examen de baccalauréat, qu'un étalage naïf et puéril; d'ailleurs, l'*s* et le *j* de *sujet* ont leur allure personnelle qui sauve cette écriture de la banalité uniforme de la *calligraphie*.

ÉCRITURE DESCENDANTE

Les impressionnables. — Les faibles. — Les timides. — Les gauches. — Les languissants. — Les mélancoliques. — Les découragés. — Les abattus. — Les broyeurs de noir. — Les pessimistes. — Les désespérés.

Manque de persévérance. — Manque de volonté. — Défiance de soi-même. — Tendances au suicide. — Fatigue physique. — Inquiétudes morales. — Mauvaise santé.

L'écriture *descendante* est celle qui, ainsi que le mot l'indique, descend au-dessous de la ligne droite, soit par des courbes, soit par des zigzags, soit enfin, en quittant franchement la ligne droite, pour se pencher, s'incliner, se coucher, et former de la sorte, avec la ligne droite, un angle aigu.

La meilleure façon de se rendre compte du degré de pente d'une écriture est de tracer, à l'aide d'une règle, cinq ou six lignes d'égale distance, comme dans l'exemple ci-dessous.

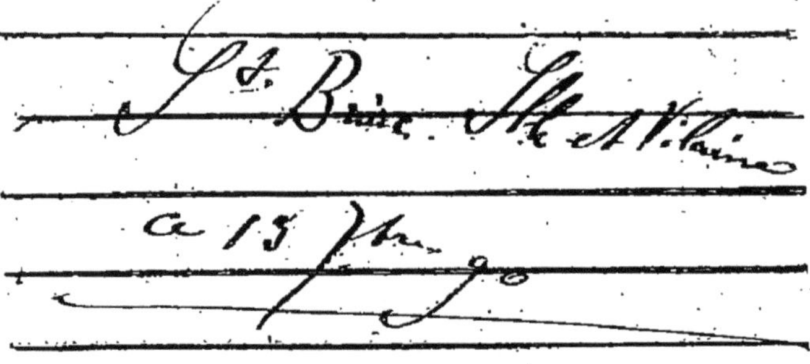

Fig. 15.

Ecriture descendante. — Les tristes.

C'est l'écriture des timides, des faibles, de ceux qui craignent l'insuccès avant d'avoir tenté l'entreprise ; c'est aussi l'écriture des hésitants, des indécis, de ceux qui remettent à demain, qui voient la vie en noir, ou qui s'affligent et s'attristent, sans savoir pourquoi ; l'écriture des pessimistes.

Lorsqu'il s'agit d'une nature qui conserve un peu d'énergie, et qui lutte contre elle-même, les lignes sont courbes ; elles descendent, puis elles se relèvent comme dans la fig. 16, ou bien elles s'élèvent pour redescendre, la courbe se pro-

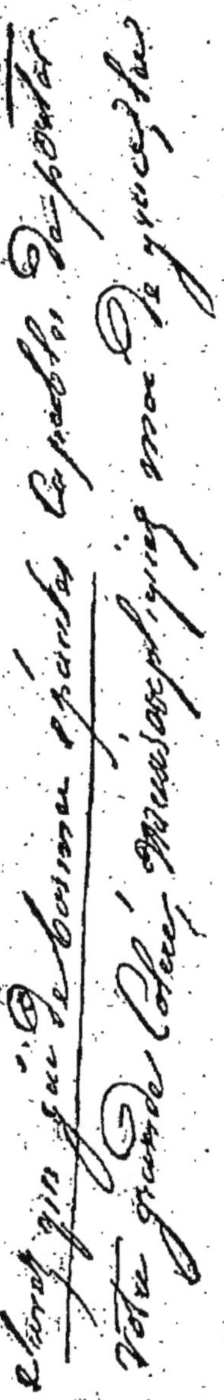

Fig. 46.

Ecriture descendante. — Les impressionnables.

Fig. 47.

Ecriture descendante. — Les impressionnables.

duit soit vers le haut soit vers le bas (fig. 17); mais si l'écriture descend d'une manière irrésistible, alors on a accepté sans lutte le découragement, ou bien l'on se plaît dans sa tristesse; c'est un timide doublé d'un languissant, d'un abattu,

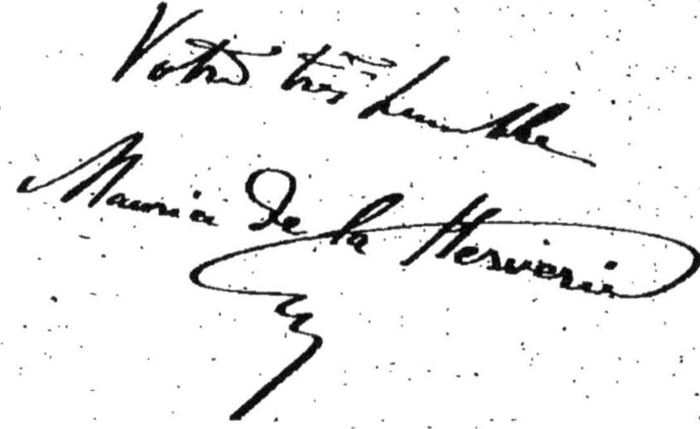

Fig. 18.

Ecriture descendante. — Les languissants. — Les mélancoliques.

d'un pessimiste, qui ne fait aucun effort pour se secouer (fig. 18).

Il arrive aussi que parfois l'écriture n'est descendante que dans la signature, tandis qu'elle reste droite et longitudinale dans le reste des lignes, ainsi que dans ce fragment d'une lettre de l'infortuné Maximilien (fig. 19), empereur du Mexique (1); or le mot *Maximilien* de la

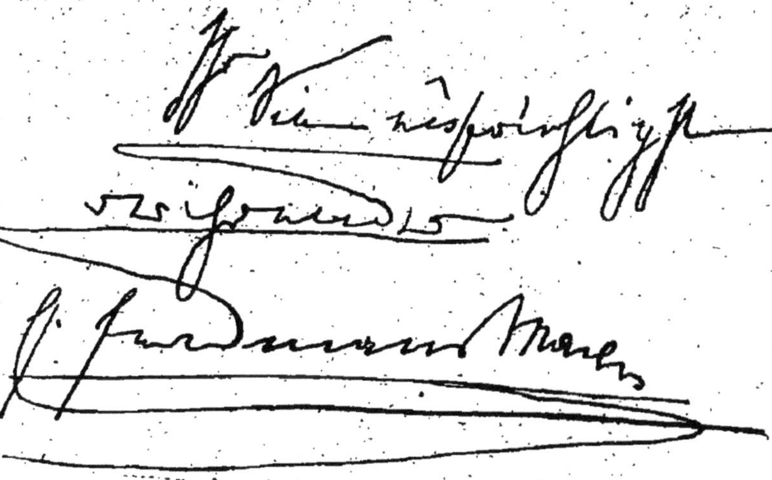

Fig. 19.
Ecriture descendante. — Les abattus.

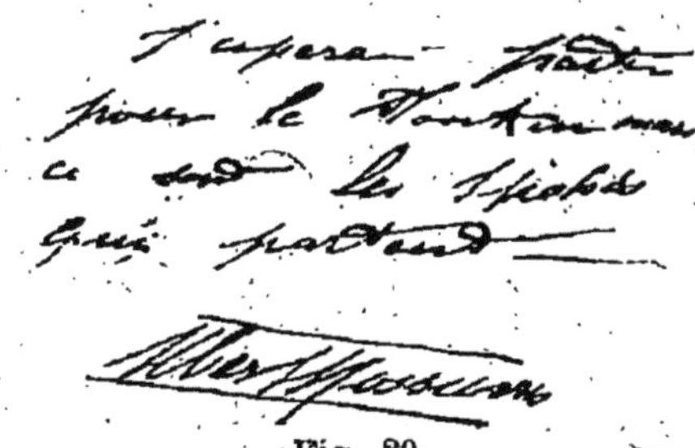

Fig. 20.
Ecriture descendante. — Les découragés. — Les pessimistes.

signature tombe d'une manière manifeste. Ici la graphologie, par une prescience presque mys-

(1) Catalogue Bovet.

térieuse, dépasse l'observation et atteint la prophétie ; la graphologie déclare que c'est habituellement un signe fatal qui ne se trouve que chez ceux dont la destinée finira tristement ou tragiquement.

A l'appui de ce dire, on peut citer ces lignes, signées Albert Houssaye (1), qui se suicida il y a quelques années (fig. 20).

(1) Mémoires d'Arsène Houssaye.

ÉCRITURE DROITE

Les dissimulés. — Les astucieux. — Les faux. — Les raisonneurs. — Les cachottiers. — Les menteurs. — Les habiles. — Les parvenus.

Lâchetés anonymes.

L'écriture *droite*, ou *verticale*, ou *perpendiculaire*, est celle dont les lettres, au lieu d'être légèrement penchées, se dressent droites, et souvent même inclinées vers la gauche ; cette écriture est produite par la main que l'on renverse en dedans d'elle-même.

C'est une écriture acquise après coup, on n'écrit jamais de la sorte d'emblée ; on s'y décide seulement pour une raison ou pour une autre.

Tantôt c'est, comme chez Alexandre Dumas père, une habitude adoptée pour donner plus de clarté aux manuscrits destinés à l'impression; en ce cas cette écriture *droite* est réservée aux seuls documents à publier.

Voici quatre lignes de l'écriture *droite* d'Alexandre Dumas père (fig. 21), écriture dont

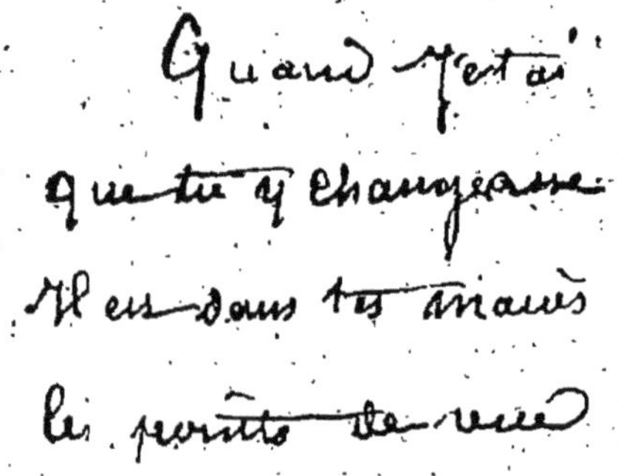

Fig. 21.

Ecriture droite. — Spécimen du *net* chez Alexandre Dumas père.

il ne se servait jamais pour sa correspondance, à laquelle il accordait l'écriture suivante (fig. 22) : écriture aussi large, aussi simple et aussi primesautière, que la précédente est mesquine, ratatinée, engoncée et rétrécie.

Si une écriture présente dans la même lettre ces deux traits opposés comme chez Mgr Guitton, évêque de Poitiers, c'est que l'homme (fig. 23), par sa position officielle, ou des principes adoptés, s'est fait une loi de ne pas se trahir, un masque d'impassibilité; mais le naturel comprimé re-

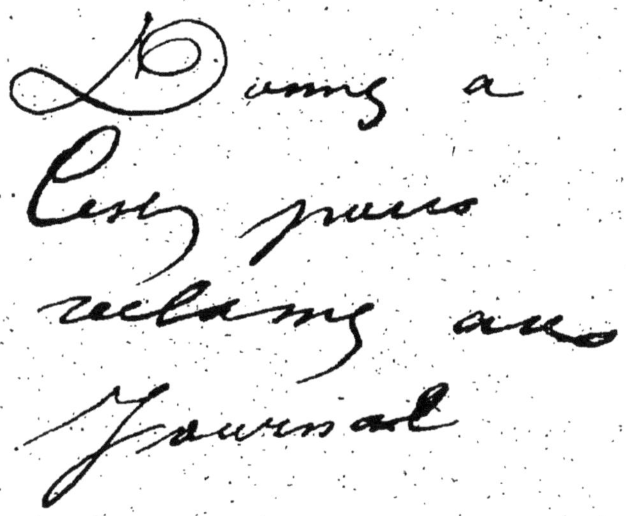

Fig 22.
Ecriture droite. — Spécimen de l'écriture spontanée d'Alexandre Dumas père.

parait à la fin ; ainsi *tout votre* est une espèce d'écriture intermédiaire entre l'écriture uniforme et monotone des deux lignes premières; et la signature *Guitton*, qui elle au moins, est débarrassée de toute contrainte, proteste, si grande, si fine et si sensible, contre le rôle joué plus haut ; ce n'est pas de la fausseté, c'est de la réserve, et ce même assemblage d'écriture *droite*,

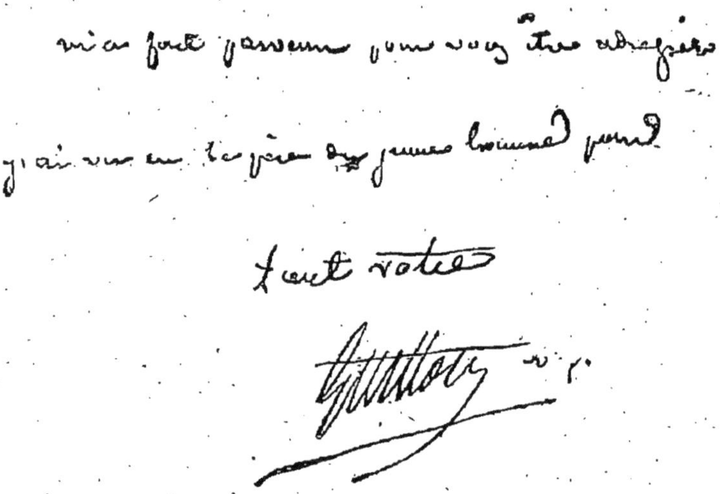

Fig. 23.
Écriture droite. — Les dissimulés. — Les astucieux.

et de signature penchée, se retrouve chez une foule d'hommes en vue.

L'écriture presque *droite* rentre dans une autre classe : telle l'écriture de Thiers, qui d'un bout à l'autre, soit qu'elle fût officielle ou intime, de la date à la signature, ne déraidit pas ; c'est l'écriture des astucieux, des cachottiers, des raisonneurs, surtout l'écriture de ceux qui, maîtres d'eux-mêmes, ne céderont jamais à un entraînement.

je ne suis pas en effet
[illegible] du sacrifice que j'ai
acceptant la députation. adieu
adieu les arts, l'histoire

Fig. 24.
Ecriture droite. — Les raisonneurs. — Les cachottiers.

Il arrive souvent que, soudain, sans cause apparente, une personne qui possédait une écriture claire et penchée, la renverse et la rend droite ; c'est toujours que l'on renie son passé, le trouvant trop humble ou trop trop terrible, trop obscur... ou trop brillant ; il peut arriver aussi que ce soit un effet d'une personnalité soudainement produite, d'un talent, d'une aptitude ou d'une ambition, en tout cas, il y a eu transformation lente ou vive, dont le motif est su ou ignoré, mais il y a eu, dans cette vie, volte-face ; en voici une preuve dans ces deux écritures de madame Adam ; celle-ci date de l'Empire, de 1865 ; madame Adam, née en 1835, avait trente ans,

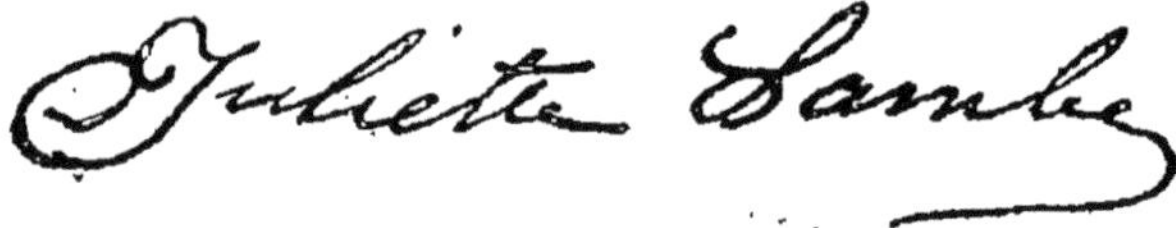

Fig. 25.

Ecriture droite. — Les habiles. — Ecriture primitive de madame Adam, 1865.

n'était qu'une beauté et s'en tenait à ce rôle charmant (1) ; voici maintenant la signature de la

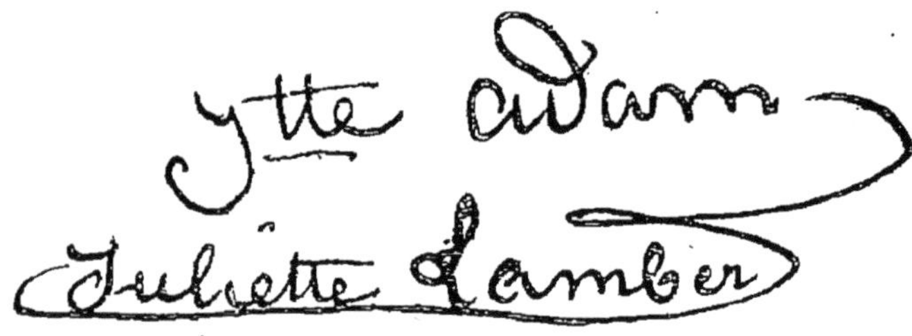

Fig. 26.

Ecriture droite. — Les habiles. — Ecriture seconde manière de madame Adam, 1879.

directrice de la *Nouvelle Revue*, la femme politique en 1879 ; elle a quarante-quatre ans, joue

(1) Cette signature et ces dates sont empruntées au catalogue Bovet.

encore le rôle charmant, mais elle y a ajouté d'autres, assez bien tenus d'ailleurs ; la main s'est relevée pour emprunter un déguisement viril, l'écriture est droite (1).

L'écriture *droite* est une de celles les plus difficiles à juger en graphologie, puisqu'elle se

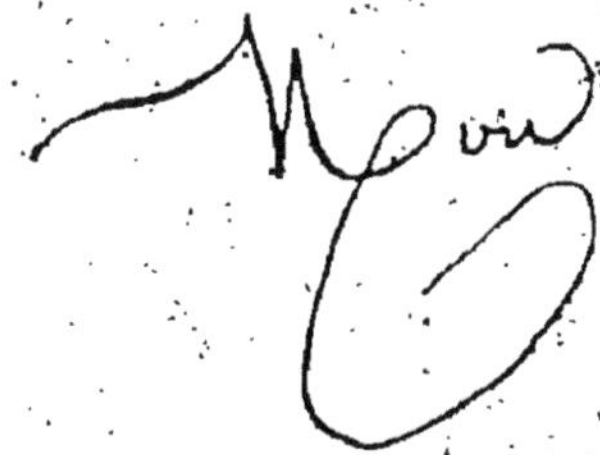

Fig. 27.
Ecriture droite. — Les parvenus.

cache, et le jugement que l'on peut porter sur ces écritures est vague, à moins qu'un hasard — comme chez madame Adam — ne mette en présence l'écriture primitive ; ainsi, il est presque impossible d'analyser graphologiquement les lettres anonymes ; le lâche qui les écrit renverse presque toujours son écriture ; il ne faut point pour cela s'imaginer qu'elles n'offrent aucun in-

(1) Cette signature est empruntée au *Paris-Murcie*, 1879.

térêt : un détail, le plus petit, peut mettre sur la voie ; l'*M* de *Mon* (fig. 27) présente un panache et une courbe finale, qui, dans cette écriture sèche et droite, détonnent, indiquant l'imagination, l'égoïsme et l'emportement mal contenus ; — d'après un os, Cuvier put reconstruire un animal.

Poussée à l'exaspération, l'écriture *droite* se

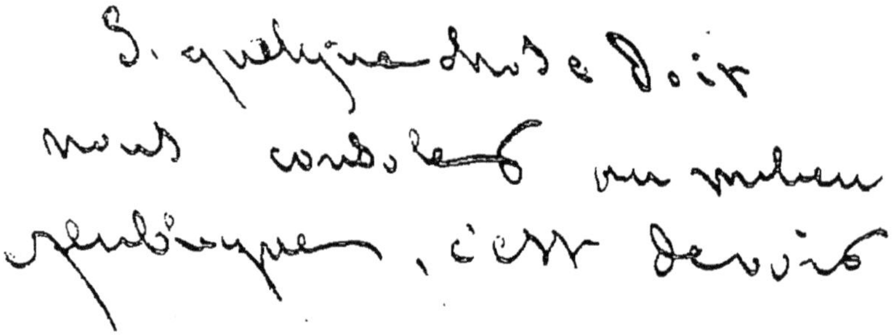

Fig. 28.
Ecriture droite. — Les méfiants.

renverse à gauche, d'une façon choquante et disgracieuse; elle est rare, car un peu de fausseté et un peu de cabotinage suffisent à contenter les mesquineries des petites vanités. Peut-être même pourrait-on ajouter qu'en ce cas, la graphologie qui, dans l'exemple suivant, trouve la méfiance, tâtonne encore.

ÉCRITURE DÉTACHÉE

Les imaginatifs. — Les spontanés. — Les idéalistes. — Les utopistes. — Les inventeurs. — Les novateurs.

L'écriture *détachée*, ou *espacée*, ou *juxtaposée*, est celle dont les différentes lettres de chaque mot sont placées les unes après les autres, sans se rattacher les unes aux autres par aucune liaison.

C'est l'écriture de ceux dont le cerveau fertile et l'imagination féconde possèdent le don de concevoir et de créer spontanément, et qui vivent ou agissent plutôt par instincts spontanés que par idées réfléchies — et la preuve c'est que voici quatre signatures : Michelet, un historien ; J. Journet, un apôtre du fouriérisme ; Doré, un dessinateur ; Léon Gambetta, un orateur ; quatre hommes chez lesquels l'imagination domina la pensée,

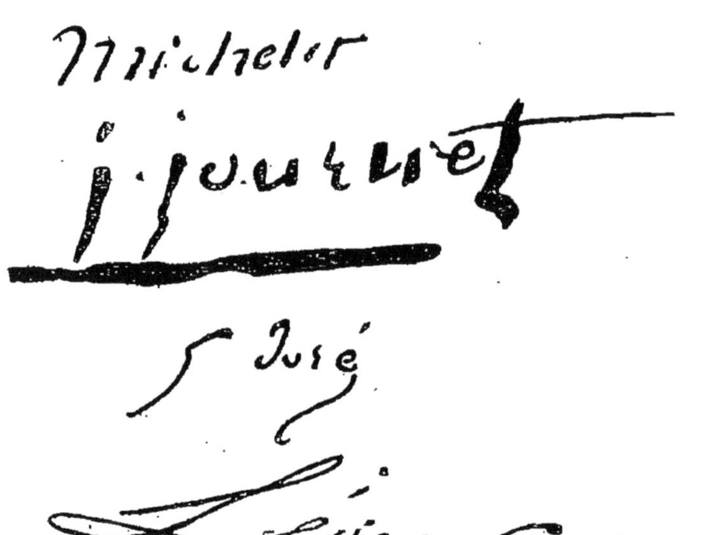

Fig. 29.
Écriture détachée. — Les imaginatifs purs.

Fig. 30.
Ecriture détachée. — Les imaginatifs réfléchis.

quatre écritures ayant toutes quatre un aspect différent et toutes quatre écriture *détachée*; chez

Fig. 31.
Ecriture détachée. — Les idéalistes. — Les spontanés.

Gambetta il est vrai, *Léon* seul est détaché, *Gambetta* est lié, la même anomalie se retrouve chez Offenbach (fig. 30). Il faut donc conclure que, chez quelques imaginatifs, le temps et le travail matent l'imagination.

Ordinairement, dans cette écriture *détachée*, la forme des lettres est simple et redressée.

Les *c*, les *e*, les *m*, les *u*, les *s*, se réduisent à des traits unis ainsi que le *t* de Michelet, le *g* de Gustave Doré, l'*n* de Léon ; les minuscules prennent souvent, comme dans l'écriture de Chateaubriand (fig. 31), dans le *v* de *vous*, le *v* de *avec*, l'*h* de *Chateaubriand*, une tendance à devenir des majuscules.

François Coppée présente le même détail, et il est très fréquent dans ses autographes ; si ce n'est avec autant d'emphase, en revanche c'est avec une grâce charmante ; le *c* de *cieux*, l'*et cœtera*, l'*s* de *servante*, le *f* de *ferme*, le *c* de *crucifiés* ne devaient être, et ne sont que des minuscules que la plume a anoblies, par un involontaire penchant à l'idéalisation ; penchant doublé d'un

ans les cieux, etc." ou du Départ des Hirondelles
e *René*. — le portrait de Catherine Leroux, la
ervante de ferme, dans *Madame Bovary*, ou
l'épisode des lions Crucifiés, dans *Salammbô*.

Fig. 32.
Ecriture détachée. — Les idéalistes.

incessant retour à l'esprit simplificateur de ceux qui jugent de haut, et que l'on constate dans l's de *Salammbô*, et surtout dans l'*o* et l'*i* de *François* si gracieusement fondus, par un enlacement très spécial et qu'on cherchera vainement dans plus de vingt signatures de François quelconques.

Cette simplicité et cette idéalisation peuvent,

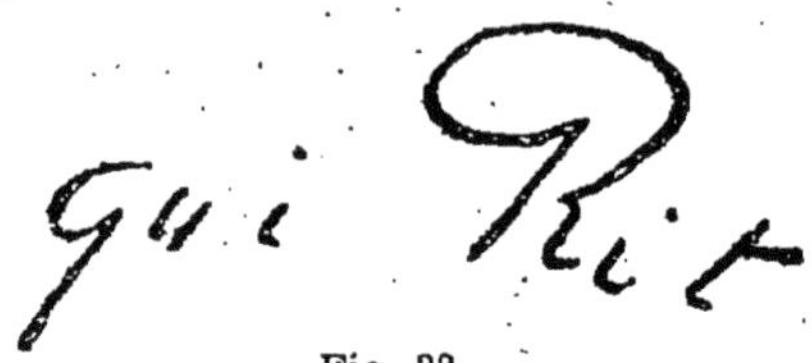

Fig. 33.
Écriture détachée. — Les créateurs.

sous une main vigoureuse et un tempérament excessif, toucher, comme dans le *Rit* de Victor Hugo, au grandiose, par une exagération superbe et imposante (fig. 33).

Il va de soi que l'écriture *détachée* devait être l'écriture des inventeurs et des novateurs, de ceux qu'un feu sacré et une force invincible poussent en avant sans qu'il soit encore possible de distin-

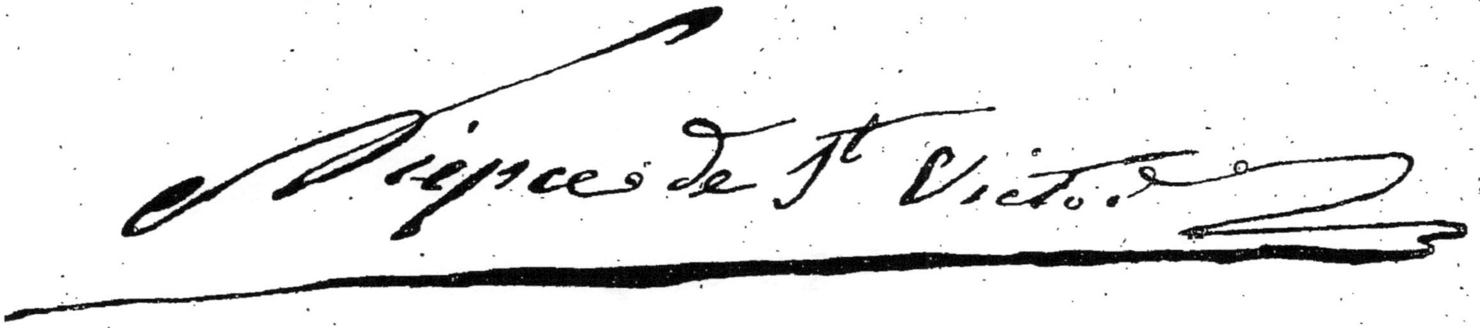

Fig. 34.

Ecriture détachée. — Les inventeurs.

guer dans ces écritures-là un signe plus spécial. L'écriture *détachée* étant par excellence l'écriture de l'instinct, chacun y scelle sa personnalité; elle ne gardera qu'un seul vrai signe, celui de l'espacement entre les lettres, et souvent entre les lignes ou les mots ; il faut presque toujours à ces écritures de l'espace ; quant aux nuances spéciales qui mettent l'empreinte particulière, on les distingue vite avec un peu d'expérience et d'observation ; on ne peut refuser à cette signature de Niepce de Saint-Victor (fig. 34), une hardiesse stupéfiante, même avant de savoir qu'il fut

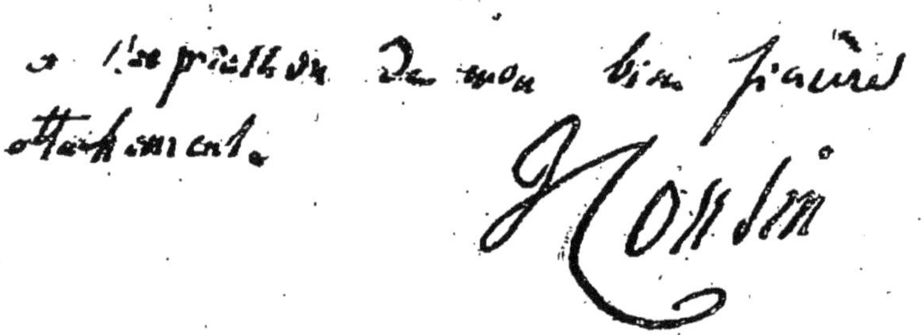

Fig. 35.
Ecriture détachée. — Les métaphysiciens.

l'inventeur de la photographie, dont on ne qualifiera jamais celle-ci, de Victor Cousin, qui est pourtant tout aussi détachée, mais ratatinée, desséchée et qui créa une école de philosophie, tandis que celle de saint Vincent de Paul, malgré

Fig. 36.
Ecriture détachée. — Les novateurs.

sa rigoureuse simplicité, ne saura jamais être taxée de ce défaut.

ÉCRITURE ESPACÉE

Les dépensiers. — Les gaspilleurs. — Les prodigues. Les dissipateurs.

Goût du confortable.

L'écriture *espacée* est celle dont les lettres, au lieu de se rapprocher, se séparent en s'étendant ; dont les lignes renferment le moins de mots possible, et dont les mots se terminent par des finales longues ; en outre les alinéas sont nombreux, les marges sont larges ; enfin les espaces sont fréquents et exagérés.

Dumas père, dans son écriture intime, est le spécimen de ceux qui ne savent jamais se restreindre ni se limiter ; la valeur de l'argent lui était inconnue, c'était un dépenseur et un gaspil-

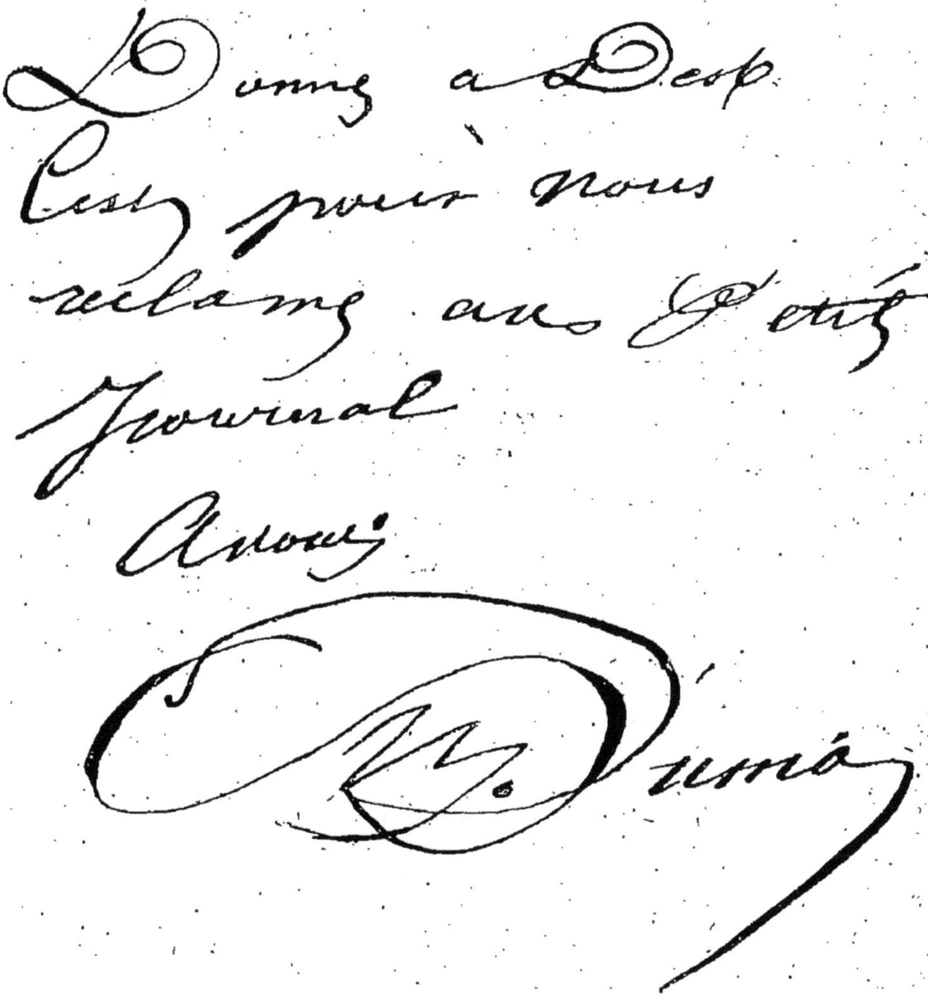

Donnez a Desp
C'est pour nous
reclame aux Petit
Journal
Adieu
A. Dumas

Fig. 37.

Ecriture espacée. — Les dépensiers. — Les généreux.

leur, heureusement c'était aussi un généreux; il réunissait en cela du moins, chose rare, le beau côté et le vilain côté de la médaille, car souvent ceux qui jettent des milliers lésinent et marchandent avec âpreté ; en ce dernier cas, il arrive que les marges, les alinéas, les blancs sont larges, mais l'écriture est tassée, recroquevillée ; c'est de l'ostentation : on dépense, soit, mais on aime à le laisser voir.

P. Millaud, le fondateur du *Petit Journal*, lui aussi remua, gagna et perdit des millions, mais ici, si l'écriture large et espacée dénote la profusion, du moins la symétrie des lettres, leur enchaînement et les volutes de la signature prouvent une logique et un esprit de suite qui se portera sur ce même penchant, vers la dépense, mais vers les entreprises financières.

Quand l'écriture *espacée* est petite ou menue, alors l'instinct de la prodigalité se retrouve dans l'espacement immense des lignes, des alinéas, du papier laissé en blanc à droite et à gauche sans être pour cela une marge, ainsi que l'écriture de

Fig. 38.

Ecriture espacée. — Les dépensiers. — Les esprits commerciaux.

mademoiselle Favart de la Comédie Française, où

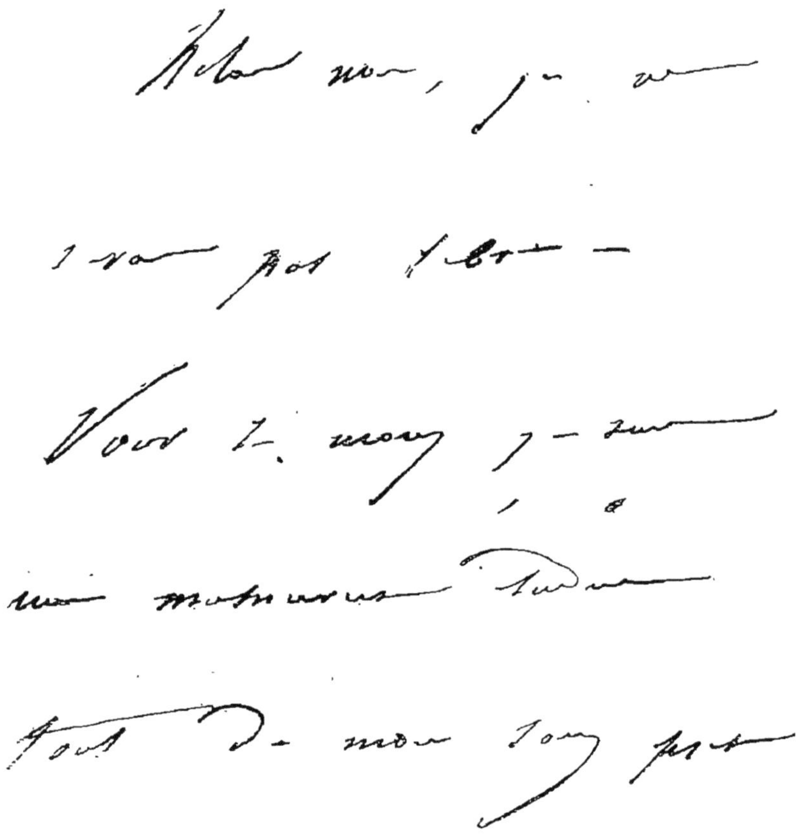

Fig. 39.
Ecriture espacée. — Les dissipateurs.

l'on voit des lignes de trois mots, et une page de vingt paroles (fig. 39).

ÉCRITURE FERME

Les constants. — Les entêtés. — Les tenaces. — Les despotes. — Les inexorables. — Les durs. — Les raides. — Les rudes. — Les violents. — Les rageurs. — Les résolus. — Les indépendants. — Les révoltés. — Les dominateurs. — Les autoritaires.

L'écriture *ferme* ou *anguleuse* est ordinairement celle dont les lettres présentent des angles à leurs bases ; en outre, dont les barres sont fortement appuyées ; enfin, où l'on ne trouve jamais un trait tremblotant ou indécis.

Non seulement les lettres présentent des angles à leurs bases, mais les courbes indispensables deviennent pointues, ainsi que dans l'écriture si ferme de madame Barat, la fondatrice de l'ordre du Sacré-Cœur ; les deux *s d'assurance*, l'*l* de *la*,

Fig. 40.
Ecriture ferme. — Les entêtés.

le *p* de *parente* et le *B* de *Barat* sont des angles excessifs ; enfin l'*y* d'*Yveling* se brise en deux lignes plutôt que de s'arrondir.

En renchérissant, l'écriture *ferme* devient aiguë, la constance s'est changée en une ténacité qui touche au despotisme, et les lettres sont des *hachures* à double tranchant ; ces écritures ont

Fig. 41.
Ecriture ferme. — Les tenaces.

souvent sur les *t* des barres très longues qui rayent tout le mot et au delà; on peut remarquer le même signe chez madame Barat, sans compter que cette dernière jette à la fin des mots, dans *assurance*, *la*, *votre*, des traits raides qui semblent percer le mot suivant.

L'écriture *ferme* n'est pas — ni forcément —

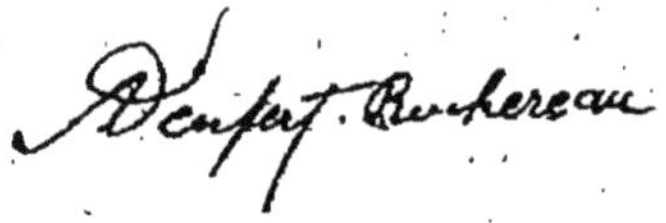

Fig. 42.
Ecriture ferme. — Les tenaces.

grande ; le colonel Denfert-Rochereau, l'héroïque

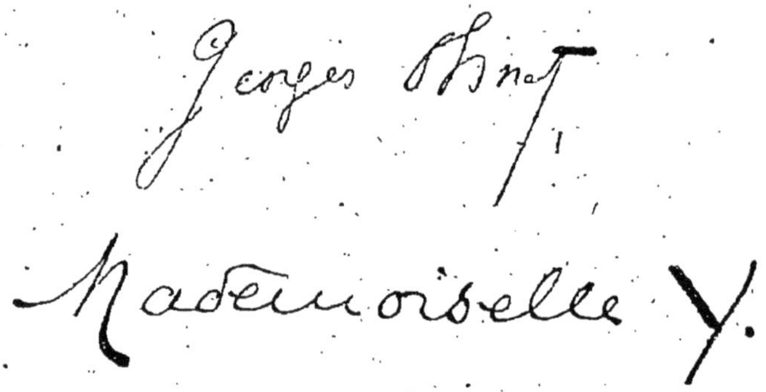

Fig. 43.
Ecriture ferme. — Les résolus.

défenseur de Belfort, nous montre une écriture aussi fine que terrible ; — ni forcément anguleuse, bien que ce soit son caractère coutumier; elle peut aussi se révéler dans une écriture arrondie, par un seul trait, la barre d'un *t*, chez Georges Ohnet (fig. 43); la barre d'un Y, ou une série

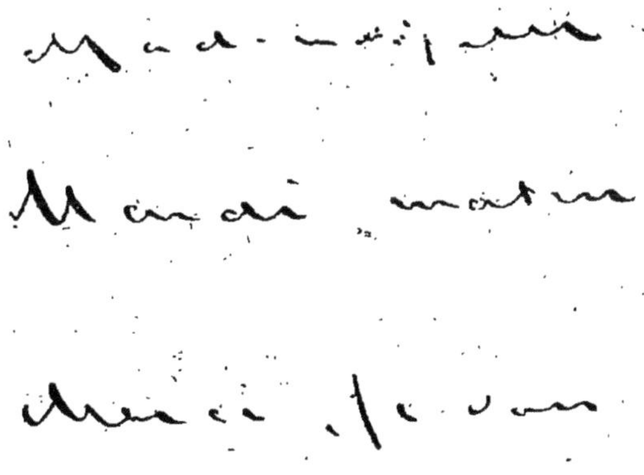

Fig. 44.
Ecriture ferme. — Les résolus.

de petits coups de plume (fig. 44). En voici une preuve dans ce fragment d'une lettre écrite en espagnol par un Anglo-Saxon (fig. 45). (Traduction : « *Lima, desde la semana pasada. Manana Jueves estaré en la casa a las cuatro de la tarde*). » L'écriture, d'une fermeté caractéristique, est néanmoins toute faite de courbes; mais les barres et les déliés, les lettres même, telles que l'a de *Lima*, deviennent des coups de sabre; cette fermeté-là doit saper les obsta-

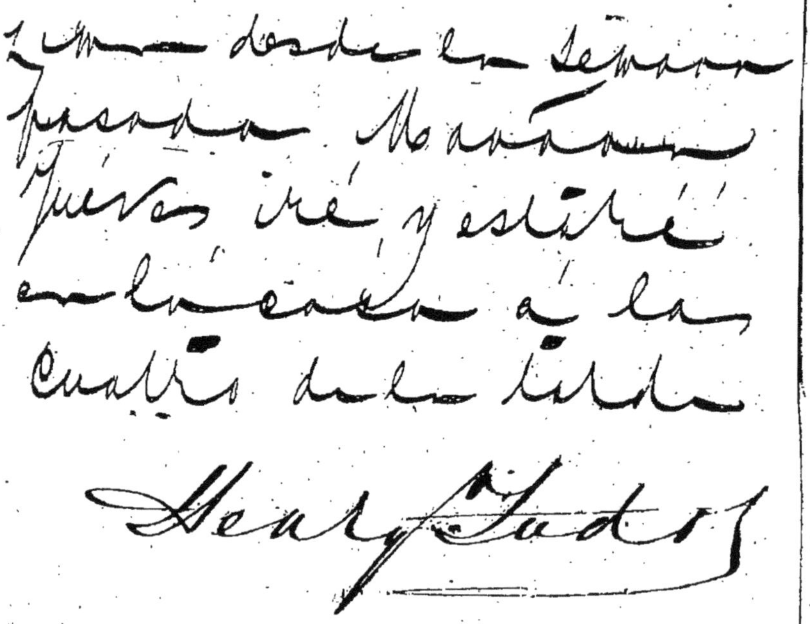

Fig. 45.
Ecriture ferme. — Les rudes. — Les constants.

cles et abattre les entraves, coûte que coûte; les *t* dans *estaré* et *tarde* sont barrés avec des sortes d'accents carrés; il est certain que cette nature se fait une loi de la logique de ses décisions, et cette écriture serait impitoyable si un regard jeté sur la signature plus adoucie déjà ne montrait une pente bien plus inclinée à droite et des déliés bien plus délicats.

Un autre indice de fermeté est l'absence ou la suppression de déliés, comme dans la signature de M. de Bismarck. Elle a l'air d'avoir été barrée

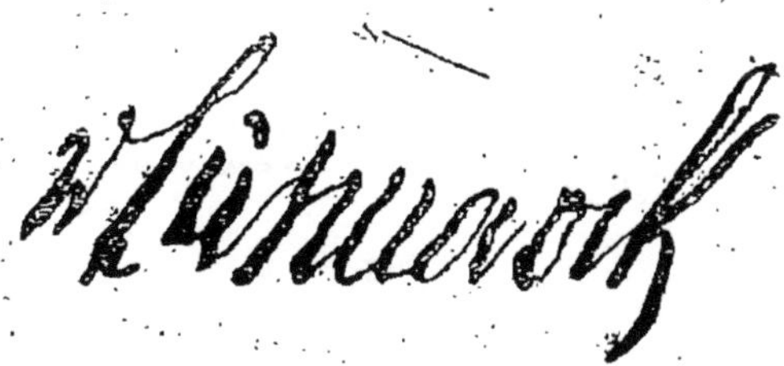

Fig. 46.

Écriture ferme. — Les durs. — Les autoritaires.

à coups de poing, de façon à assommer le papier ; signature de géant : l'*m* se surhausse, le *k* a l'air de vouloir braver l'inconnu ; le trait rentrant de *s*, la seconde partie du *B*, sont perdus, balayés, emportés par la volonté fixe et inébranlable. Pourtant malgré la rudesse, la dureté, la violence, la lourdeur, l'inexorabilité de cette écriture, l'écriture est grandiose ; les Titans devaient écrire de la sorte.

Il ne faut pas non plus négliger la fermeté des lignes de certaines écritures, qui semblent un rail d'acier ; c'est quand, à la constance, s'ajoute la franchise ; ce trait n'est pas fréquent, et l'on

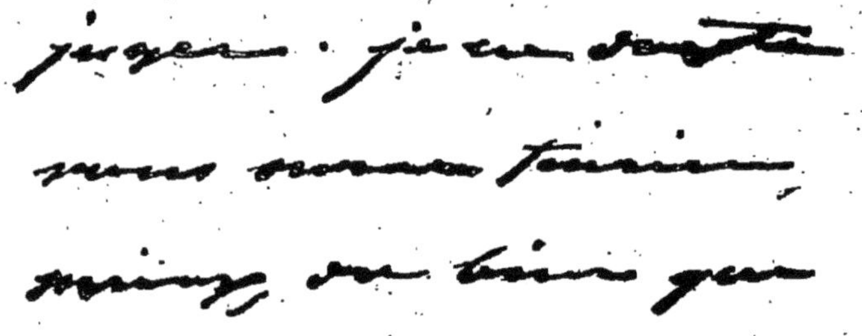

Fig. 47.
Ecriture ferme. — Les têtus.

rencontre pour une écriture *ferme* de cette admirable loyauté, fidèle à ses convictions, dix écritures *fermes* présentant, comme celle de Thiers, la ligne des zigzags sinueux de la ruse et du mensonge (fig. 48).

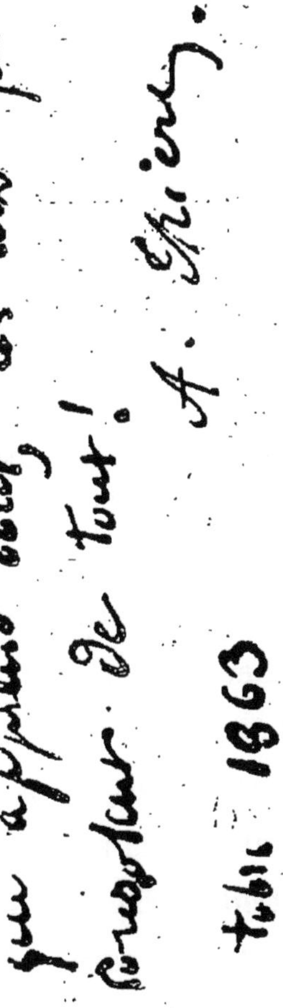

Fig. 48.

Ecriture ferme. — Les dominateurs.

ÉCRITURE GRANDE

Les honnêtes. — Les dignes. — Les sincères. — Les francs. — Les loyaux. — Les magnanimes. — Les généreux.

Le goût des aventures. — Le sens esthétique. — Le culte de la forme. — Mépris de la minutie. — Clarté de l'esprit.

L'écriture *grande* ou *magistrale* est celle dont les lettres, plus hautes et plus larges que ne l'est ordinairement l'écriture courante, sont d'égale hauteur, peu rapprochées, et souvent s'élargissant et grossissant vers la fin du mot.

L'écriture *grande* n'est pas fréquente de nos jours; la plume d'acier, qui a presque partout remplacé la plume d'oie, a amené l'écriture fine ou menue.

En outre, l'écriture *grande* étant l'indice d'un

caractère noble et élevé, ne peut être l'écriture de notre époque ; sa rareté lui constitue donc un privilège qui attire d'autant l'attention.

Il n'est pas nécessaire que l'écriture *grande* soit énorme ; celle d'Henri Pagat, sans être gigantesque, atteint les conditions exigées, lettres grandes, d'égale hauteur, simples et claires.

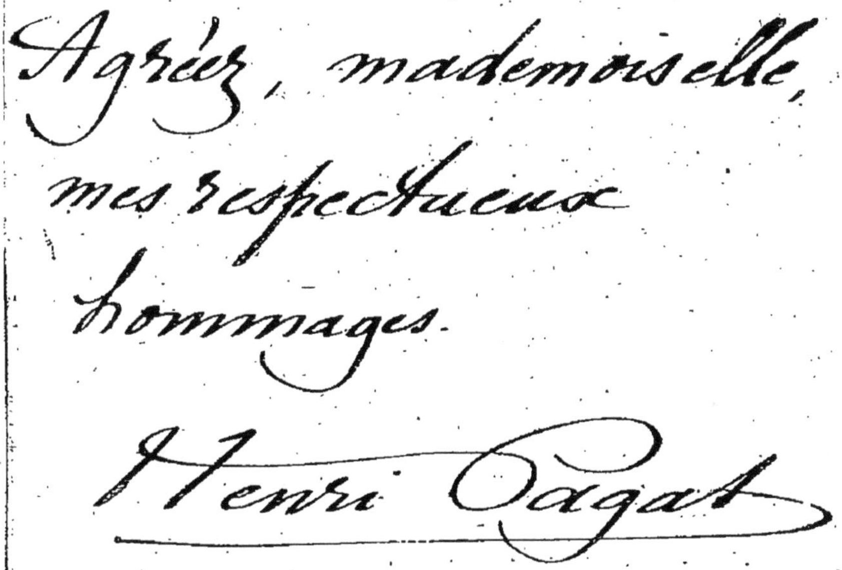

Agréez, mademoiselle,
mes respectueux
hommages.
Henri Pagat

Fig. 49.
Ecriture grande. — Les honnêtes.

L'écriture *grande* présente toujours un aspect de franchise, soit qu'elle devienne détachée comme chez Michelet, ou irrégulière et descendante

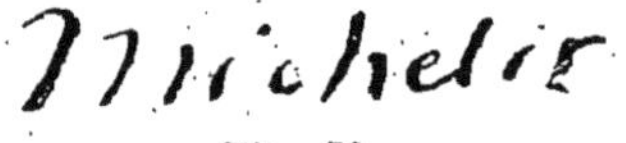

Fig. 50.

Ecriture grande. — Les dignes.

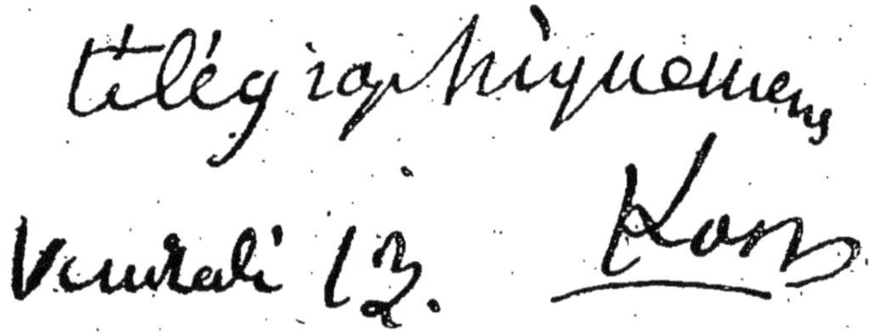

Fig. 51.

Ecriture grande. — Les francs. — Les loyaux.

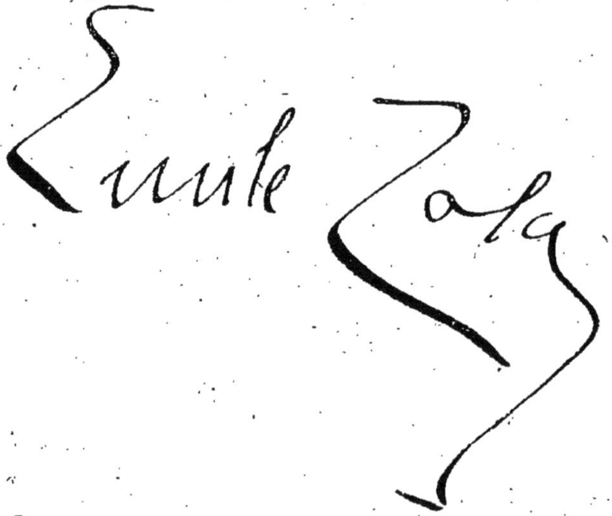

Fig. 52.

Ecriture grande. — Les sincères.

comme chez Alphonse Karr (fig. 51), ou originale et bizarre comme chez Émile Zola, ou inélégante comme chez Paul Savorgnan de Brazza,

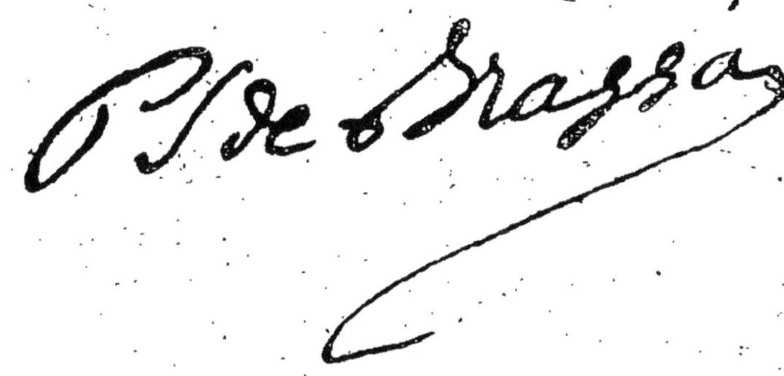

Fig. 53.
Ecriture grande. — Les aventureux.

ou enfin exquise et simple chez Perrault, l'auteur des fameux *Contes*. Ce caractère de franchise,

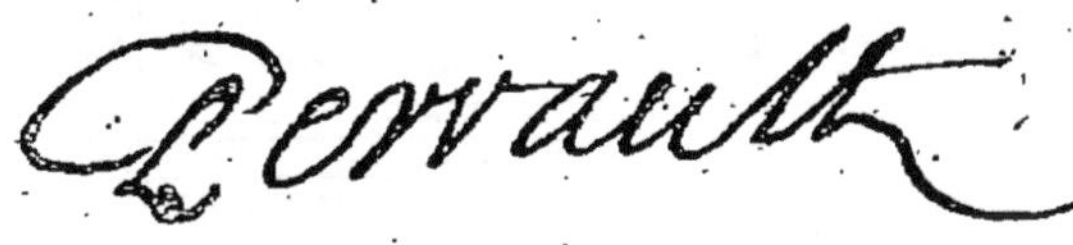

Fig. 54.
Ecriture grande. — Les loyaux.

qui rend l'écriture *grande* si lisible, est donc inséparable de l'écriture *grande*, ce qui n'empêche pas, on peut le constater dans les sept écritures précédentes, de permettre à chaque écriture son cachet fort personnel.

Il se peut parfois, comme dans l'écriture de Chateaubriand, qui est une écriture *grande*, qu'elle soit illisible, mais alors c'est sous une cause quelconque qui n'est ni la fausseté ni la rouerie, cause première des écritures *illisibles ;* cette cause, par exemple, est chez Chateaubriand cet excès d'imagination très personnelle qui transforme sa manière d'agir et de voir, de rendre et d'exprimer ; mais en général l'écriture *grande* est lisible au premier coup d'œil, et cela se comprend puisqu'elle est l'écriture des honnêtes, des loyaux, des magnanimes.

Fig. 55.
Ecriture grande. — Les francs.

Chez ceux qui poussent la franchise à l'outrance, qui n'acceptent pas les situations fausses ou les paroles ambiguës, l'écriture grande grossit vers la fin du mot qui se dilate et s'épanouit pour mieux affirmer, chez Charles Dickens, et chez l'actuelle Reine-régente des Pays-Bas.

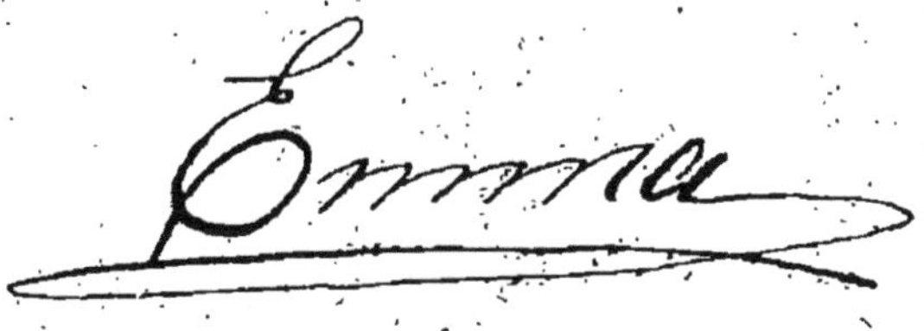

Fig. 56.
Ecriture grande. — Les francs.

L'écriture *grande* est aussi l'écriture du sens esthétique, du culte du beau, de l'amour de la forme ; alors elle revêt une harmonie ; et sans devenir calligraphique ni prétentieuse, l'écriture *grande* devient artistique, symétrique, tout en gardant les qualités de simplicité et de franchise qui sont les conditions essentielles ou primitives de l'écriture *grande*, par exemple l'écriture d'un poète qui est un des premiers ciseleurs de sonnets que possède aujourd'hui la langue française (bien qu'Espagnol...) (fig. 57).

Le sens esthétique découle de ces deux lignes

Je ne sais rien de plus admirable
José-Maria de Heredia

Fig. 57.

Ecriture grande. — Les amants de la forme. — Sens esthétique.

auxquelles on ne peut nier la plus chevaleresque des allures; si jamais Cervantès avait rêvé une écriture pour un héros, elle devait avoir ce cachet-là.

ÉCRITURE GRIMPANTE

Les ambitieux. — Les vaniteux. — Désir des grandeurs. Soif d'hommages. — Recherche des distinctions.

L'écriture *grimpante*, ou *ascendante*, est celle dont les lettres et les lignes montent vers le haut du papier, à droite, même quand il existe une ligne tracée, ou dont les signatures grimpent en biais vers la droite.

Tantôt l'écriture *grimpante* est très accentuée comme chez Émile de Girardin (fig. 58), dont les lignes semblent escalader le papier; tantôt elle n'est que partielle, c'est-à-dire comme chez Alexandre de Humboldt (fig. 59) : le corps de la lettre est droit, tandis que la fin monte d'une façon heurtante avec le précédent.

C'est l'écriture de la vanité et de l'ambition,

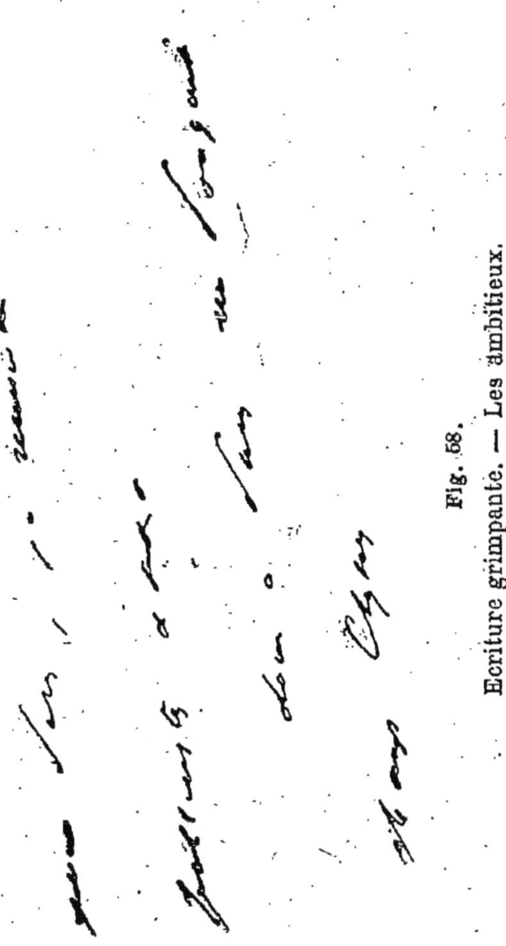

Fig. 58.
Ecriture grimpante. — Les ambitieux.

l'écriture de M. de Bismarck et de Napoléon Ier.

Il arrive encore plus fréquemment ceci, que

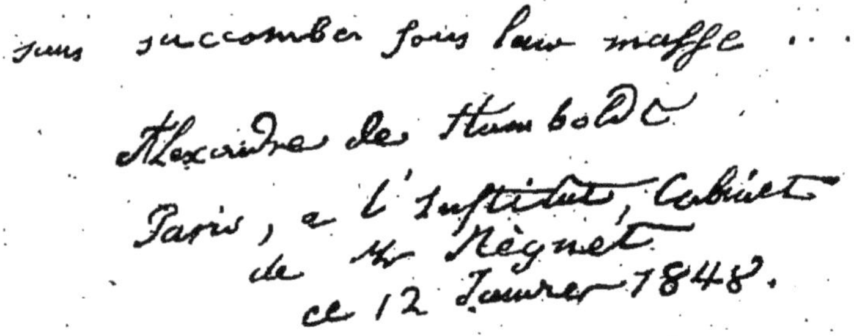

Fig. 59.
Ecriture grimpante. — Les vaniteux.

l'on cache, par feinte modestie ou par ruse savante, son jeu et son ambition ; en ce cas, c'est

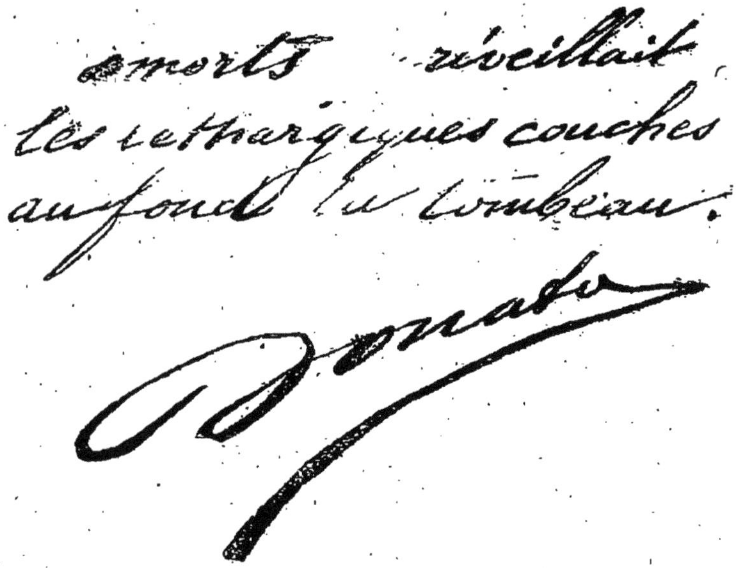

Fig. 60.
Ecriture grimpante. — Ambition cachée.

la signature seule qui monte plus ou moins, soit avec exagération dans Donato, le célèbre magné-

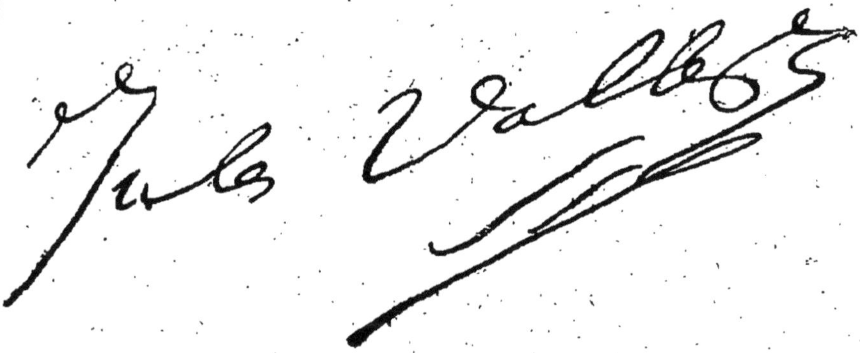

Fig. 61.
Ecriture grimpante. — Les ambitieux.

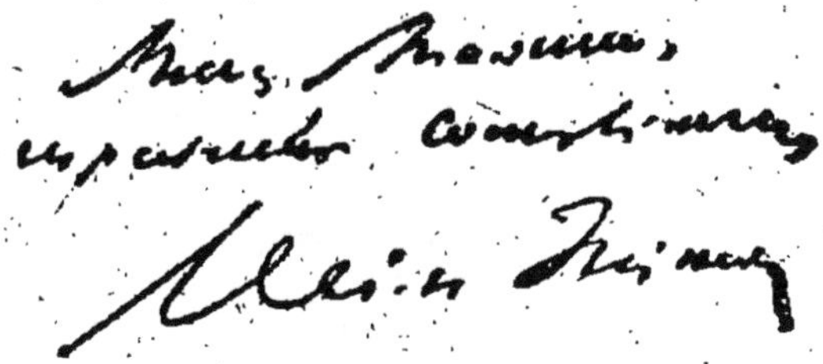

Fig. 62.
Ecriture grimpante. — Les ambitieux.

tiseur, ou dans Jules Vallès avec grossièreté, soit avec modération dans Désiré Nisard.

ÉCRITURE HARDIE

Les courageux. — Les intrépides. — Les aventureux. — Les inovateurs. — Les téméraires. — Les présomptueux.

L'écriture *hardie* (qu'il ne faut pas confondre avec l'écriture *ferme*) est celle où, parfois, dans une écriture simple, petite, ronde, sèche, enfin

Fig. 63.
Écriture hardie. — Les courageux. — Les hardis.

dans une écriture où rien ne détonne ni rien n'attire, on découvre soudain un trait, majuscule ou minuscule, paraphe, mot ou barre, d'une hardiesse extrême, et dont l'audace est foudroyante. Habituellement ce trait prend la forme d'un glaive, soit qu'il devienne, comme dans Kléber, recourbé en forme de sabre, soit qu'il reste, comme dans Daniel Manin, aigu en forme

Fig. 64.

Ecriture hardie. — Les courageux. — Les tranchants.

d'épée, ou comme chez Paul Déroulède en coup de massue.

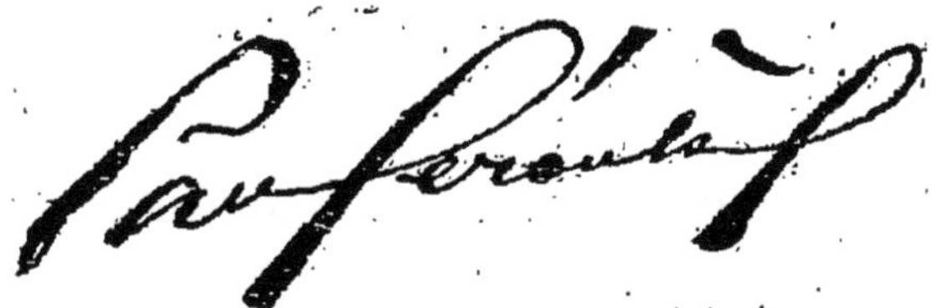

Fig. 65.

Ecriture hardie. — Les courageux. — Les intrépides.

Il est sûr que, hors ces deux traits si caractéristiques, jamais dans ces deux écritures, celle de Kléber si douce et si ronde, celle de Manin si calme et si réservée, celle de Déroulède si simple et si bourgeoise, on ne retrouverait les trois terribles hardis qu'ils furent ; mais ce trait qui est le plus personnel de la hardiesse n'est pas le seul ; souvent il est réduit à un seul mot sur l'idée duquel la hardiesse s'est élancée, ainsi que

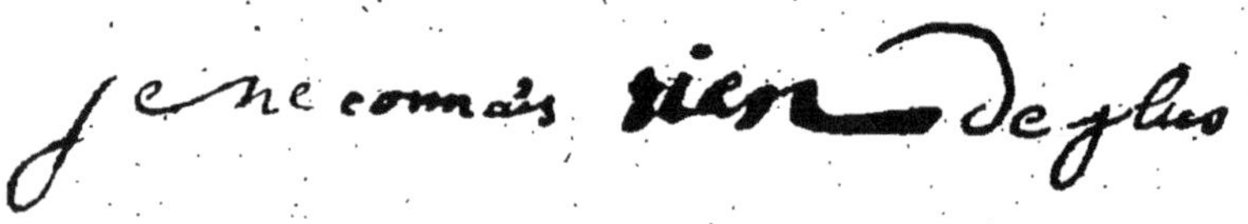

Fig. 66.

Ecriture hardie. — Les hardis. — Les impétueux.

dans cette ligne de Proudhon où l'on ne s'attendait pas à ce *rien* si vigoureux (fig. 66), ou comme chez Niepce de Saint-Victor (fig. 34) (voir *Écriture détachée*) dans un élan impétueux qui se jette en fou, à travers l'inconnu, c'est plus que la hardiesse ; c'est, ainsi que chez Victor-Emmanuel (fig. 67), la témérité des aventureux qui risquent le tout pour le tout ; Victor-Emmanuel — en plus du *V* jeté avec une fougue délirante, des deux *t*, et de l'*E*, plus brusques les uns que les autres, — possède aussi, dans le paraphe,

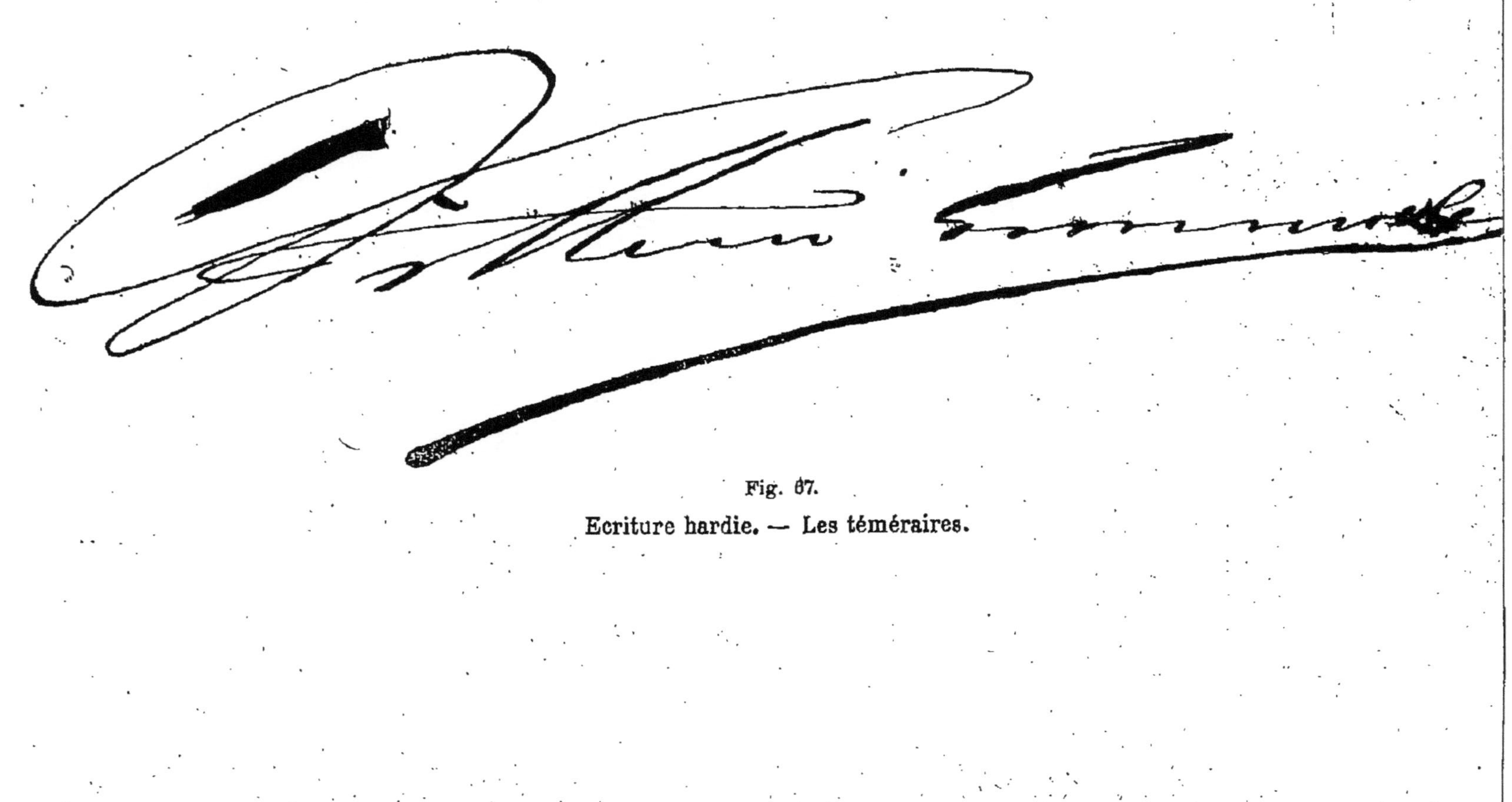

Fig. 67.

Ecriture hardie. — Les téméraires.

ce coup de plume qui semble effrayant chez les outranciers comme Leighton (fig. 68), où le

Fig. 68.
Ecriture hardie. — Confiance en soi. — Brutalité.

coup de plume touche au coup de poing, coup de plume que ne possèdera jamais la main d'un faible, et qui est l'apanage des militants et des lutteurs.

Ce paraphe est ici droit, direct, mais il peut être, comme chez Léon Gambetta, signe de fatalité, ou comme chez George Sand, en forme d'alinéa. (Voir : *Paraphes.*)

ÉCRITURE IRRÉGULIÈRE

Les hésitants. — Les inégaux. — Les capricieux. — Les étourdis. — Les imprévoyants. — Les mous. — Les rêveurs. — Les confus.

Caractères à boutades. — Natures impressionnables.

L'écriture *irrégulière* est celle dont les lettres et les mots, d'inégale hauteur et de formes sans cesse différentes, montent et descendent, au-dessus et au-dessous de la ligne.

Par cela même que cette écriture est changeante et se rencontre dans des natures versatiles et indécises, variables et capricieuses, il n'est pas facile d'en définir exactement et vigoureusement les genres très divers.

Habituellement les lettres sont rapprochées,

minces et grêles ; peu de paraphes, peu de barres, et la forme même des lettres, sans devenir la forme extravagante des écritures *artificielles*, n'est cependant ni calligraphique, ni personnelle, ni pittoresque. C'est surtout l'écriture des caractères changeants, qui se livrent tantôt à l'espoir, tantôt à la tristesse, et, en traçant une

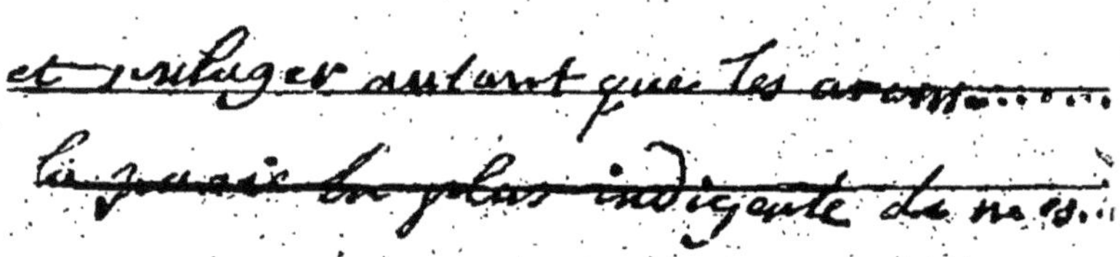

Fig. 69.
Ecriture irrégulière. — Les inégaux.

barre sous une des lignes, on voit, comme ici, les mots s'élever au-dessus, ou descendre au-dessous.

C'est aussi l'écriture de ceux qui changent d'avis par boutades ; alors on découvre souvent, comme dans ces quelques lignes du maréchal Ney (fig. 70) (fusillé sous la Restauration), des majuscules où il n'en fallait guère, à *appointements*, tandis que *Belgique* et *Liège* n'ont que des minuscules.

Chez les étourdis, qui relèvent eux aussi de l'écriture *irrégulière*, la plume a l'air de voltiger

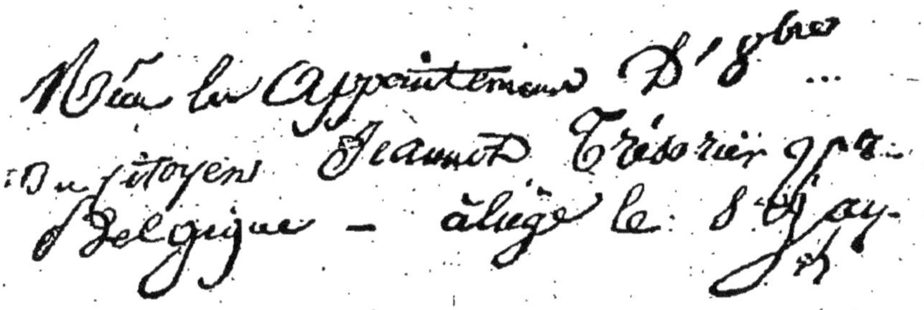

Fig. 70.
Ecriture irrégulière. — Les versatiles.

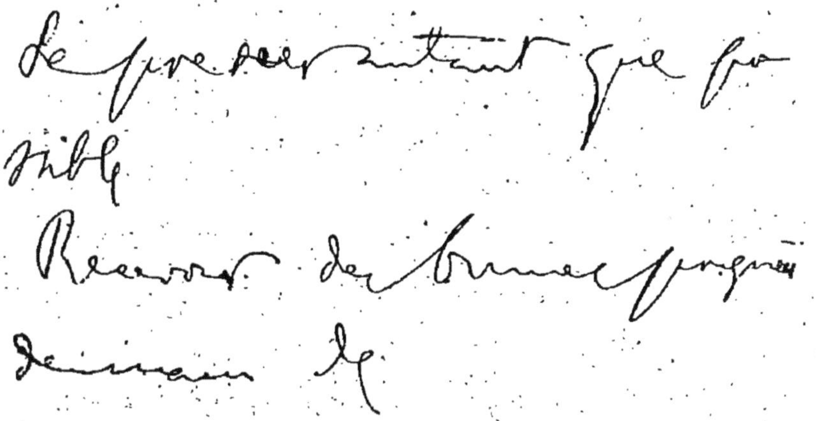

Fig. 71.
Ecriture irrégulière. — Les imprévoyants.

(fig. 71), et de ne pouvoir, sous la légèreté de l'idée, s'arrêter à aucun mot.

Chez les confus les lignes se rapprochent et

les lettres du haut et du bas s'enchevêtrent les unes entre les autres dans un pêle-mêle agaçant

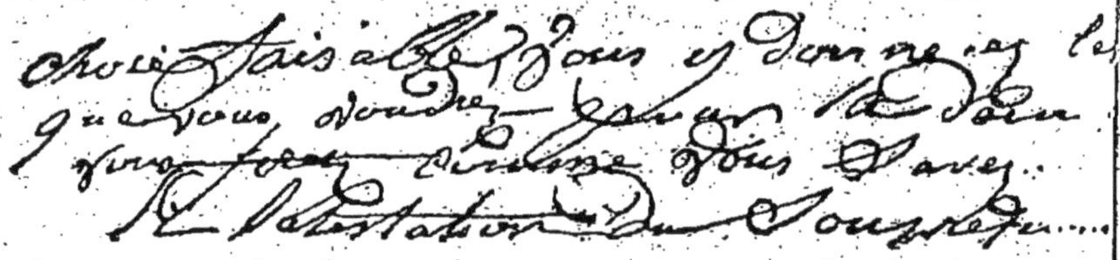

Fig. 72.
Ecriture irrégulière. — Les mous.

et brouillon, mais chez les esprits timides que la rêverie emporte sans les obscurcir, il y a, non pas un amalgame grotesque comme dans l'exemple précédent, mais un entre-choquement de hampes, fort curieux certes, mais d'une allure trop particulière pour qu'ici (fig. 73) l'irrégularité ne touche pas à une faculté spéciale, à la subtilité; et la preuve de cette supposition c'est que cette écriture, l'écriture d'un enfant de douze ans, résiste dans les cahiers d'écriture qu'on lui fait faire, tentative bien superflue — pour améliorer cette étrange calligraphie; on y retrouve, malgré l'effort appliqué (très gracieux déjà), une tendance au nuageux (fig. 73).

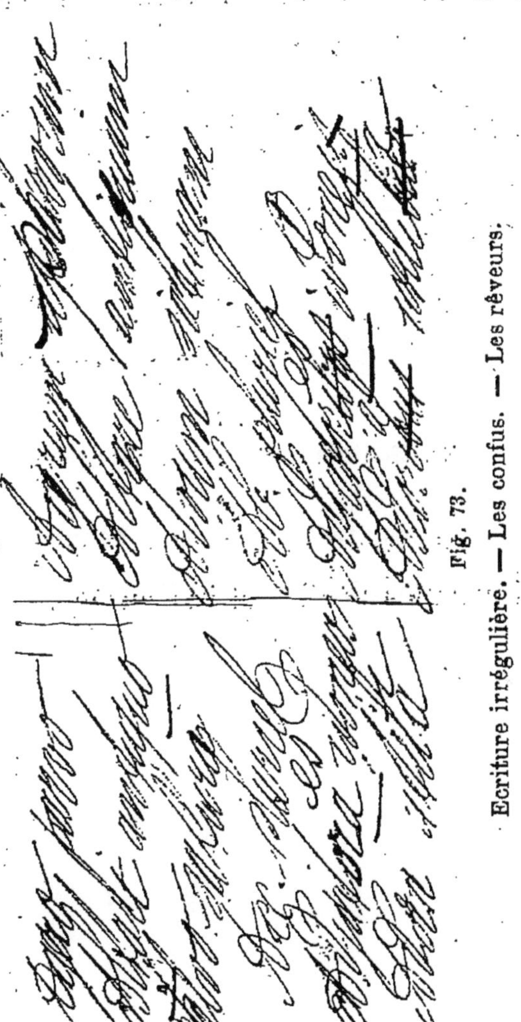

Fig. 73.

Ecriture irrégulière. — Les confus. — Les rêveurs.

Les mous donnent à l'écriture un air grêle, et

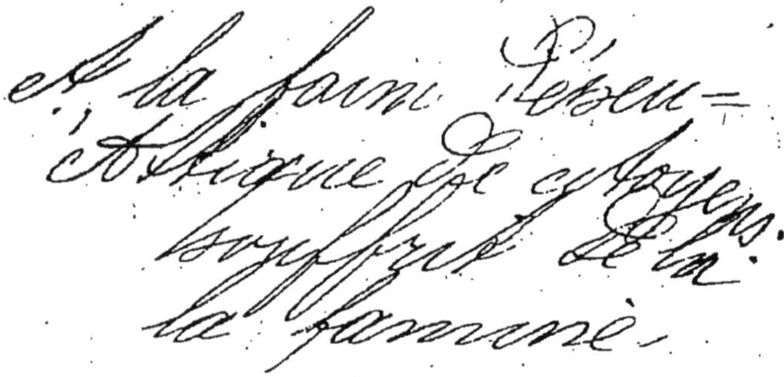

Fig. 74.
Ecriture irrégulière. — Les rêveurs.

les courbes, très fines, très sèches, produisent des minuscules rondes et inaccusées.

ÉCRITURE ILLISIBLE

Les fins. — Les dissimulés. — Les menteurs. — Les hypocrites. — Les rusés. — Les traîtres. — Les insaisissables. — Les diplomates. — Les impénétrables. — Les conspirateurs.

Fausse franchise.

L'écriture *illisible* est celle qu'on ne parvient pas à déchiffrer du premier coup d'œil et qui échappe même à l'habitude de la relire souvent.

Il est rare, en effet, qu'après avoir lu cinq ou six autographes d'une personne, on ne soit pas en état de les parcourir sans hésitation; mais l'écriture *illisible* étant généralement l'écriture des faux, il serait puéril de s'imaginer que l'on sache à quoi s'en tenir, ni avec eux, ni avec leur écriture.

5.

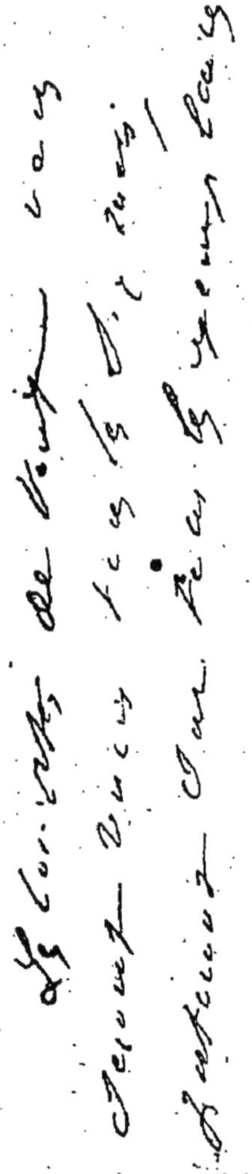

Fig. 75.

Ecriture illisible. — Les menteurs.

En général, l'écriture *illisible* n'est pas formée. Dans ce spécimen (fig. 75), le second mot : *vous*, est absolument illisible, et à part les *q*, les *v*, les *l*, les *f* et les *s*, le reste échappe à l'analyse.

Quant à la finesse et à la ruse, ces deux aristocraties de la dissimulation, sans s'abaisser au subterfuge qui peut les faire prendre en flagrant délit, elles emploient d'autres masques ; l'un c'est l'extrême finesse, l'écriture microscopique du

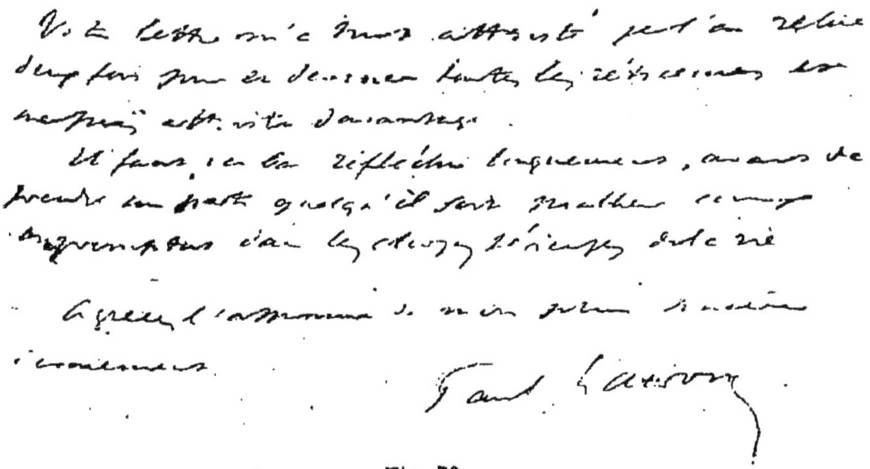

Fig. 76.

Ecriture illisible. — Les faux. — Les rusés.

pape actuel Léon XIII (fig. 77), des merveilleuses pattes de mouche, vives, élégantes et primesautières dans leur stupéfiante petitesse, et pourtant lisibles, ou l'écriture non moins lilliputienne de

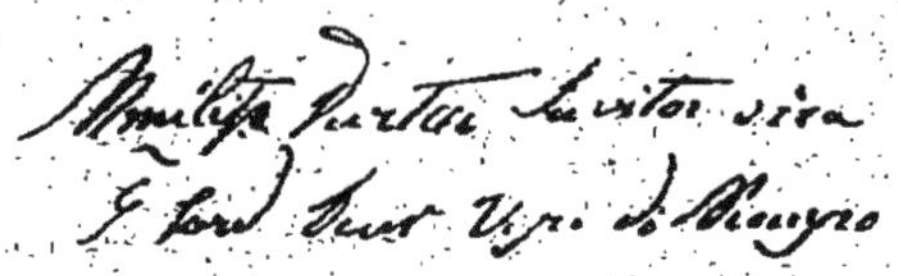

Fig. 77.
Ecriture illisible. — Les fins.

Paul Lacroix (fig. 76); l'autre — elle est pire — la fausse franchise, le prince de Metternich (fig. 78).

Fig. 78.
Ecriture illisible. — Fausse franchise. — Hypocrisie.

Somme toute, la première (fig. 76) n'est pas l'écriture claire et loyale d'un caractère sans arrière-pensées ; il faut s'arrêter et grossir les mots pour les lire, mais la seconde exhibe depuis *M*, qui semble un *a*, jusqu'à *h* qui est un chef-d'œuvre

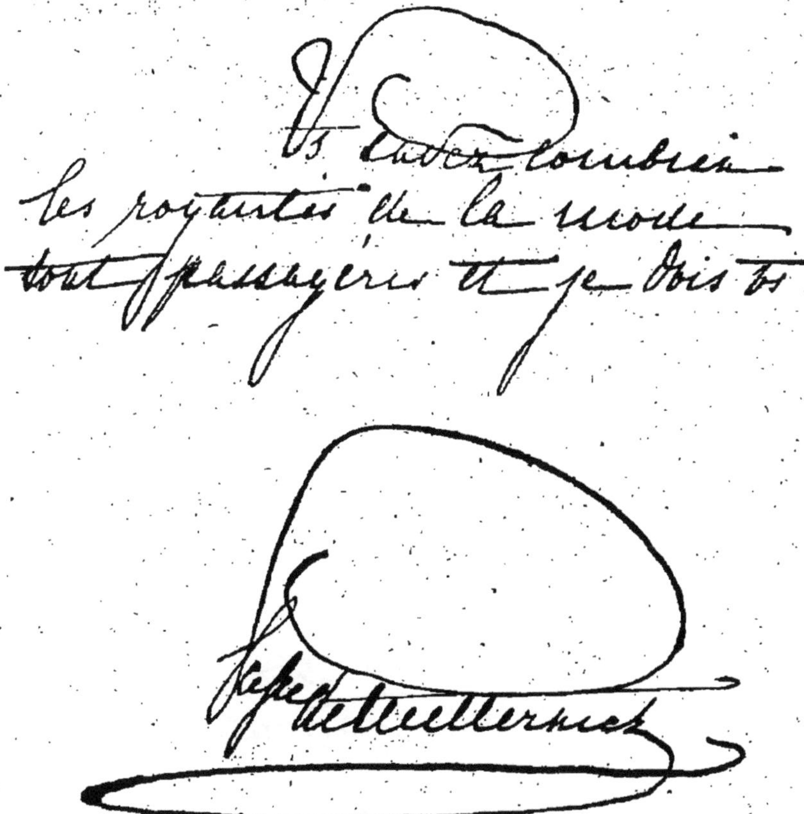

Fig. 79.

Ecriture illisible. — Signature plus illisible que le reste de l'écriture ; tendance aux faux-fuyants, fausse franchise, étourderie apparente.

d'acteur, une série de bâtons uniformes où un paléographe lui-même renoncerait à chercher un sens. — Détail bizarre, à cinquante ans de distance, une ambassadrice d'Autriche à la cour de Napoléon III, la princesse Pauline de Metternich, née Metternich par sa mère, possède la même écriture (fig. 79); si les lignes qui précèdent sont lisibles (on notera pourtant ce goût mesquin des abréviations, *Vs* pour *vous* de la femme

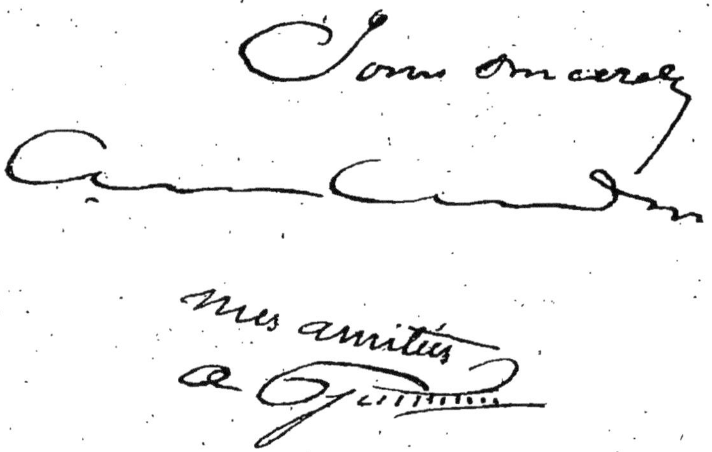

Fig. 80.
Ecriture illisible. — Les menteurs insaisissables.

pratique et positive qui ne perd jamais son temps), en revanche la signature est indéniablement de la même race.

Les menteurs, les vulgaires menteurs qui ne s'en cachent pas et qui s'en targuent parfois, ceux qui sont ravis d'avouer qu'ils s'entendent à « rouler » autrui, ceux-là à la rigueur, comme dans ces deux signatures (fig. 80), écrivent plus ou moins lisiblement ; leur nom, par exemple, se dérobe tout à fait. Qui donc lirait dans le premier *An. André?* et dans le second *A. Guillaume?...*

Pas plus que la franchise, il n'est facile de feindre la rondeur ou la brusquerie ; du moins dans l'écriture, ces deux efforts sont vains. Aussi, l'écriture *grossissante* (Voir *Écriture grande :* la reine-régente de Hollande, Emma), qui est l'em-

Fig. 81.

Ecriture illisible. — Bonhomie apparente.

blème de la sincérité, peut devenir, sous une affectation d'un sentiment qui n'existe pas, absolument illisible et renfermée (fig. 81).

Au delà des menteurs, des fins, des rusés et des hypocrites, viennent les impénétrables.

Ici l'écriture *illisible* devient difficile à classer, car outre — généralement — la petitesse de l'écriture, rien n'est précisé, et elle peut se ren-

Fig. 82.
Ecriture illisible. — Les vagues. — Les mystérieux.

contrer aussi bien chez une nature insaisissable,

Fig. 83.
Ecriture illisible. — Les délicats. — Les incompris.

simplement éprise du vague et du mystérieux,

Fig. 84.
Ecriture illisible. — Les faux.

Fig. 85.
Ecriture illisible. — Les impénétrables.

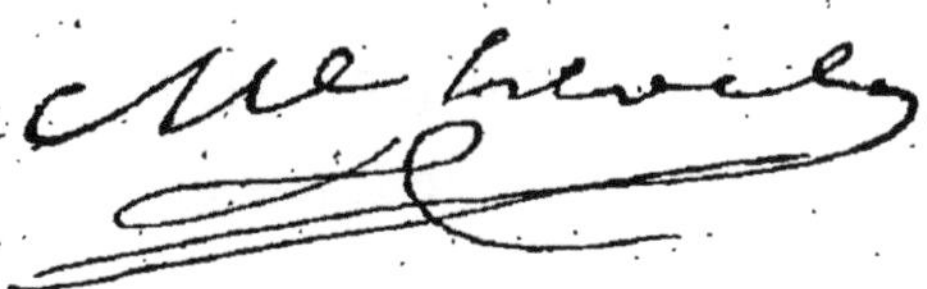

Fig. 86.
Ecriture illisible. — Les impénétrables. — Les diplomates.

telle que Saint-Saëns, ou la princesse Mathilde (fig. 83), excès d'imagination, de délicatesse, ou bien l'aptitude diplomatique, le sens de l'intrigue, comme chez le célèbre Mesmer (fig. 84)

Fig. 87.
Ecriture illisible. — Les impénétrables. — Les conspirateurs.

ou chez M. de Beust (fig. 85), le ministre d'Autriche-Hongrie, ou M. Manuel Silvela (fig. 86), l'homme d'État espagnol, ou bien encore le goût de la conspiration comme chez M. Ruiz Zorilla, le chef républicain espagnol (fig. 87).

Il est inutile de chercher à lire de telles énigmes, et la graphologie, ici, peut se résumer en deux mots : on ne veut pas être deviné.

ÉCRITURE LÉGÈRE

Les légers. — Les frivoles. — Les superficiels. — Les inattentifs. — Les inappliqués. — Les désordonnés. — Les distraits. — Les paresseux. — Les apathiques.

L'écriture *légère* ou *rapide* est celle qui est dépourvue d'angles et de traits fermes.

Dans l'écriture *légère* rien n'est accentué; les courbes, les lettres ne sont formées qu'à moitié; la main ne s'est pas donné la peine d'appuyer ni d'achever.

C'est l'écriture de l'inattention et de la nonchalance; comme cela devait être, il existe peu de variétés et de nuances dans l'écriture *légère*, soit qu'elle provienne de la nonchalance ou de la faiblesse.

Fig. 83.

Ecriture légère. — Les frivoles. — Les paresseux.

ÉCRITURE LIÉE

Les réfléchis. — Les raisonneurs. — Les pénétrants. — Les subtils. — Les pratiques. — Les logiciens. — Les réalisateurs. — Les observateurs. — Les critiques. — Les moqueurs. — Les réalistes.

L'écriture *liée* est celle où les lettres de chaque mot se tiennent strictement l'une à l'autre.

C'est l'écriture des caractères calmes, posés, doués de pénétration, d'équilibre de tous sens et d'esprit d'analyse (sévère ou indulgent); c'est-à-dire que chez ces cerveaux les qualités primordiales étant l'enchaînement et la suite, l'écriture doit être une chaîne suivie.

En effet, on le voit, la plume n'a quitté chaque mot, court ou long, que lorsqu'il a été écrit

Nos lettres se sont croisées,
mais ce n'est nullement —

Fig. 89.

Ecriture liée. — Les réfléchis.

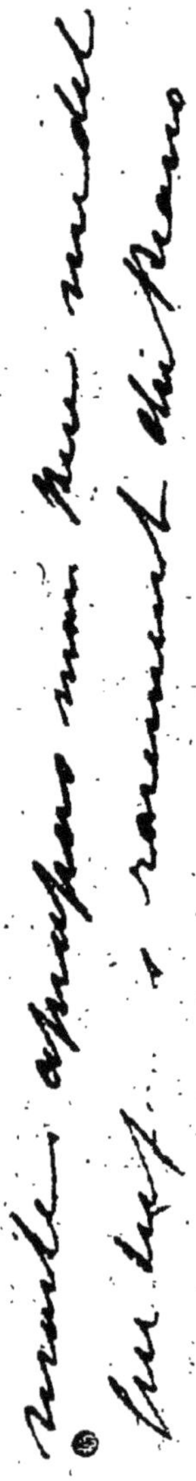

Fig. 90.

Ecriture liée. — Esprit de suite.

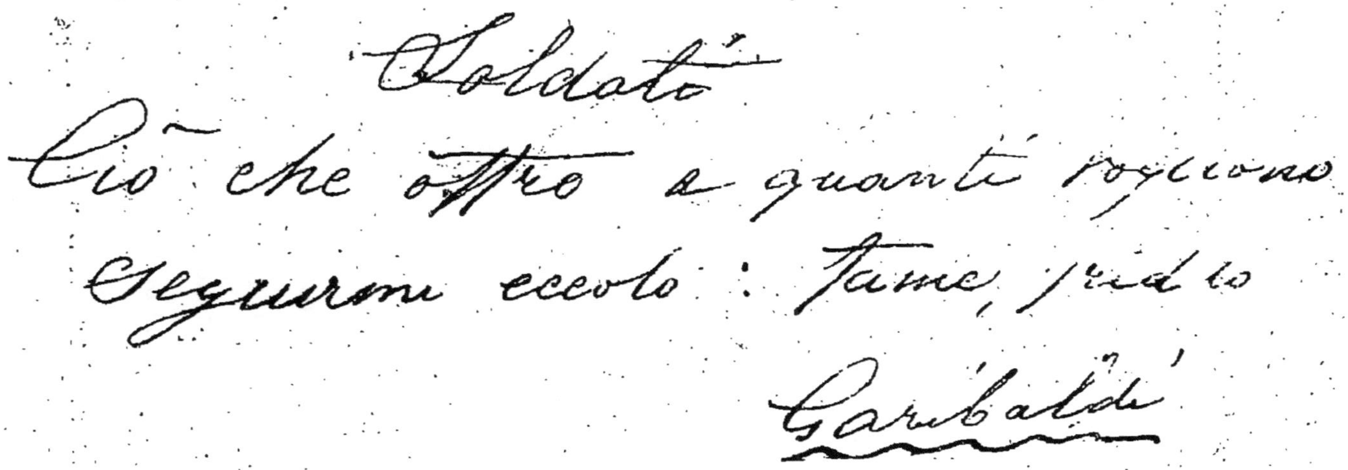

Soldati

Ciò che offro a quanti vogliono
seguirmi eccolo: fame, freddo

Garibaldi

Fig. 91.

Ecriture liée. — Les réalisateurs.

(fig. 89) ; alors elle a dû revenir en arrière pour ponctuer, barrer et mettre des accents.

A un degré plus accusé, la plume enchaîne

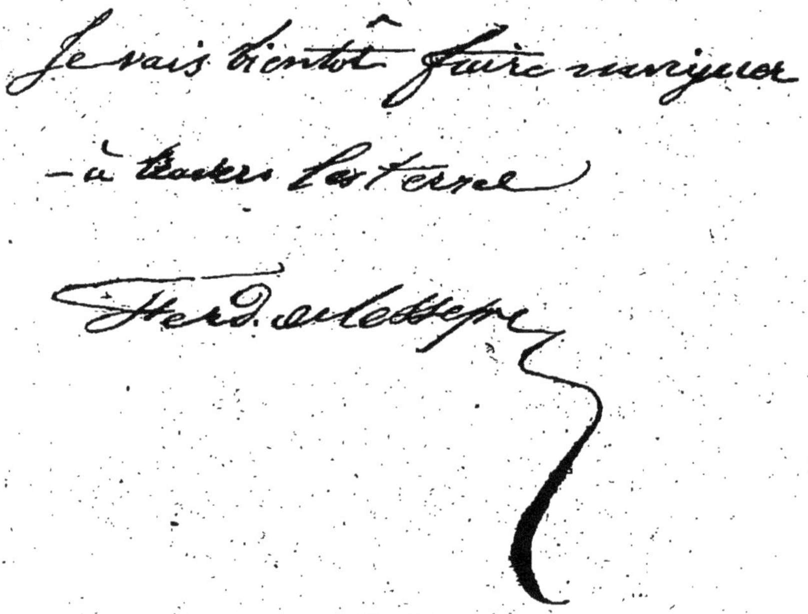

Fig. 92.
Ecriture liée. — Les réalisateurs.

deux mots, et ordinairement dans ce degré-là la plume n'aime pas à revenir en arrière ; ici (fig. 90) on a omis : accents, points sur les *i*, barres sur les *t*, même la plus indispensable ponctuation. (Voir la phrase..... « *morte. A propos ma mère me dit que tu joues rarement du piano*). C'est une écriture *très liée*, puisque à *propos... me dit, tu joues, du piano* se tiennent; en deux lignes, dans douze mots, huit ne font chacune qu'un corps.

C'est aussi l'écriture des tenaces, cela va de soi, et de ceux qui réalisent leurs idées, coûte que coûte, par exemple l'écriture de Garibaldi

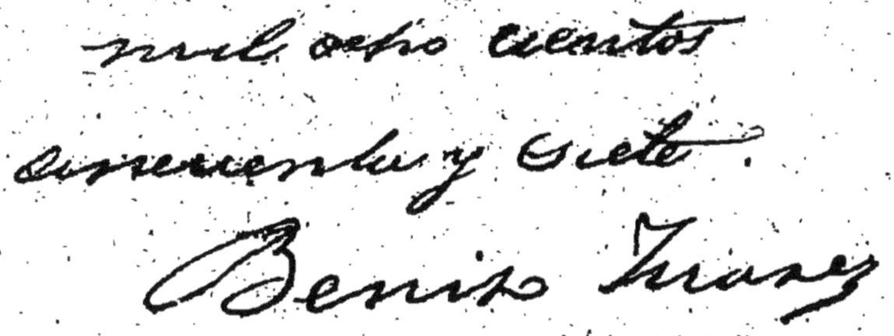

mil ocho cientos
cincuenta y siete.
Benito Juarez

Fig. 93.
Ecriture liée. — Les réalisateurs.

(fig. 91), celle de M. de Lesseps (fig. 92), ou celle

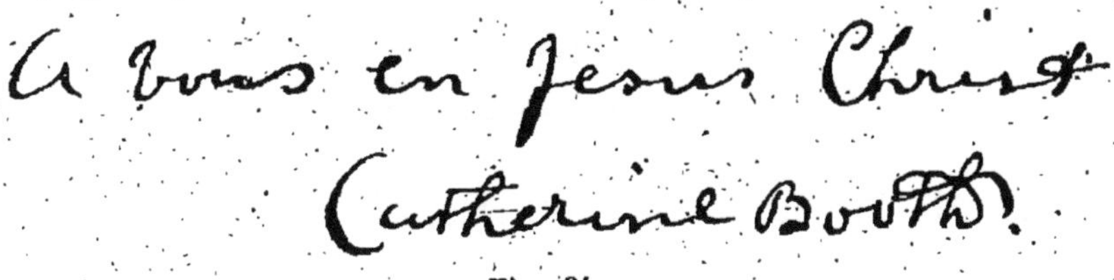

A vous en Jesus Christ
Catherine Booth.

Fig. 94.
Ecriture liée. — Les réalisateurs.

du feu président de la république du Mexique, Juarez (fig. 93), ou celle enfin de Catherine Booth (fig. 94), la maréchale de l'Armée du Salut. (Voir dans le même ordre l'écriture de madame

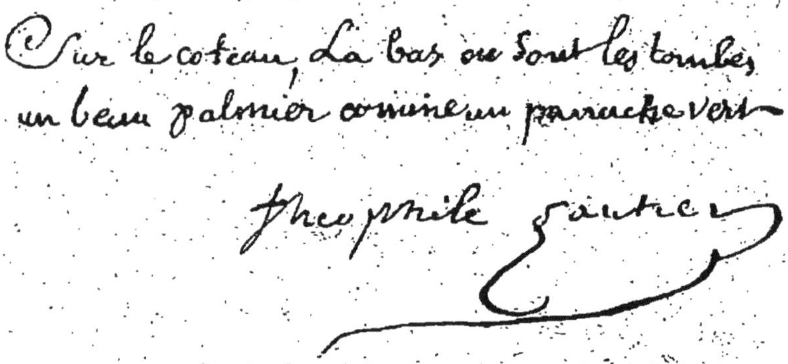

Sur le coteau, là bas où sont les tombes,
un beau palmier comme un panache vert

Théophile Gautier

Fig. 95.
Ecriture liée. — Les observateurs.

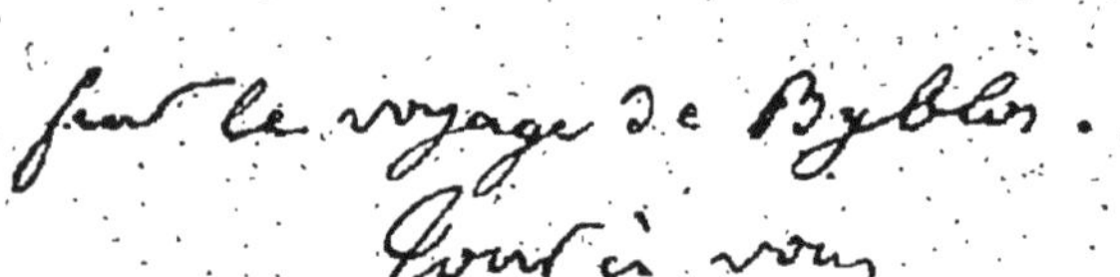

Pour le voyage de Byblos.
Tout à vous
E. Renan

Fig. 96.
Ecriture liée. — Les critiques.

Barat, la fondatrice du Sacré-Cœur, *écriture ferme.*)

Forcément, l'écriture *liée* est l'écriture des critiques, soit élégante et harmonieuse chez Théophile Gautier, soit singulière et naïve chez Ernest Renan (fig. 95 et 96).

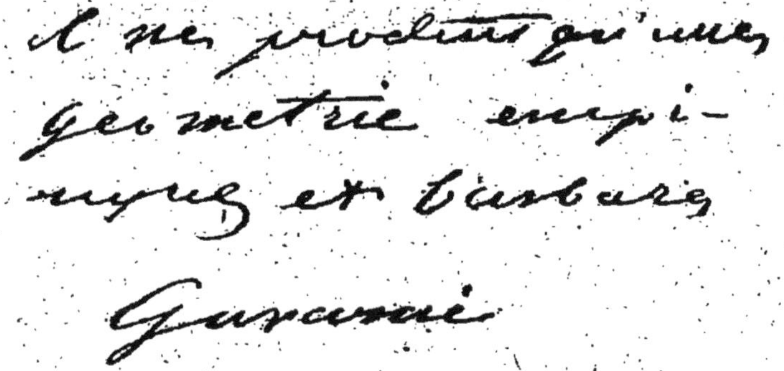

Il ne produit qu'une
géométrie empi-
rique et barbare
Gavarni

Fig. 97.
Ecriture liée. — Les observateurs.

Les moqueurs et les observateurs rentrent aussi dans l'écriture *liée*, comme Gavarni l'impitoyable ; chez Robida (fig. 98), l'inexorable et

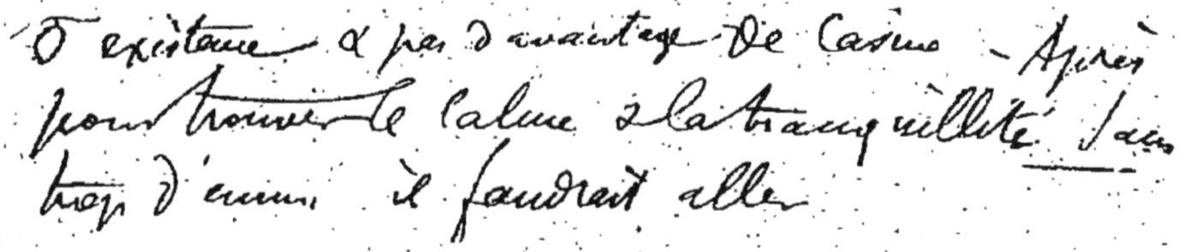

d'existence et pas davantage de Casino — Après
pour trouver le calme et la tranquillité sans
trop d'ennui il faudrait aller

Fig. 98.
Ecriture liée. — Les moqueurs.

spirituel caricaturiste, même chaîne, ici la barre du *t*, dans *davantage*, sert à former le *de* qui suit, *pour trouver* se tiennent, et la barre du *t* de *trouver* sert à former l'*l*, de le, enfin, pour *trouver le calme et la tranquillité* font corps.

Cependant si l'écriture *liée* se rencontrait dans une écriture banale, uniforme, insignifiante comme celle-ci :

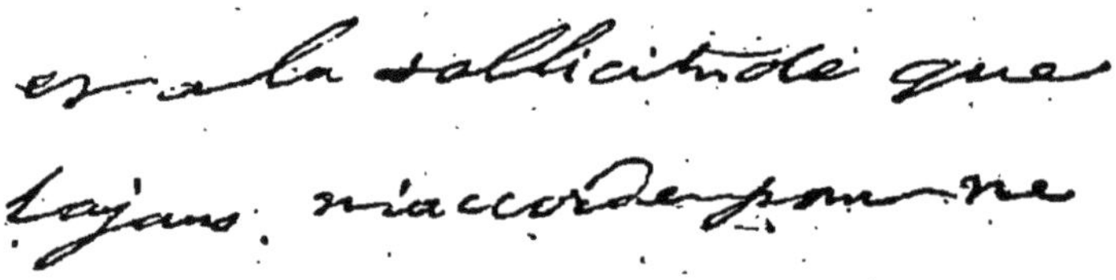

Fig. 99.

Ecriture liée. — Les pratiques.

on peut conclure que c'est une intelligence terre à terre, où la pensée n'existe point et qui végète dans la routine.

ÉCRITURE MOUVEMENTÉE

**Les imaginatifs. — Les exaltés. — Les gesticulateurs.
Les enthousiastes.
Les gais. — Les caustiques. — Les humouristes.
Les rieurs.**

L'écriture *mouvementée* (qu'il ne faut pas confondre avec l'écriture *irrégulière* ou l'écriture *artificielle*) est celle dont les lettres renferment des développements.

Ces développements revêtent toutes les formes ; ils sont tantôt crochus, tantôt contournés ; ils montent ou ils descendent, enfin ils dépassent ou enlacent les lignes au-dessus et au-dessous, — ce sont les grands gestes de l'écriture.

Le général Cambronne, dont la réputation d'exaltation a été établie par l'histoire et par le roman, faisait des *C* gigantesques, et les *s* du

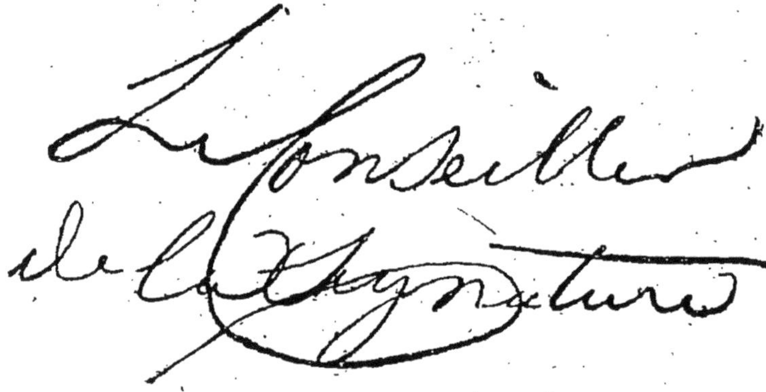

Fig. 100.
Ecriture mouvementée. — Les exaltés.

corps des lettres se grossissaient sans rime ni raison.

Chez les enthousiastes on emploie volontiers, — comme chez les magnanimes ou les grandioses (voir écriture *grande*), la majuscule à tout propos (voir Chateaubriand, écriture *détachée*), comme chez Edgar Quinet ou chez Hector Berlioz ; néanmoins les minuscules ne sont pas à l'abri de ces élans de la plume ; chez ces six mots, fragments de l'écriture de Robida (fig. 103), il y a six *t*, *vient*, *civilités*, *attendant*, *et*, barrés

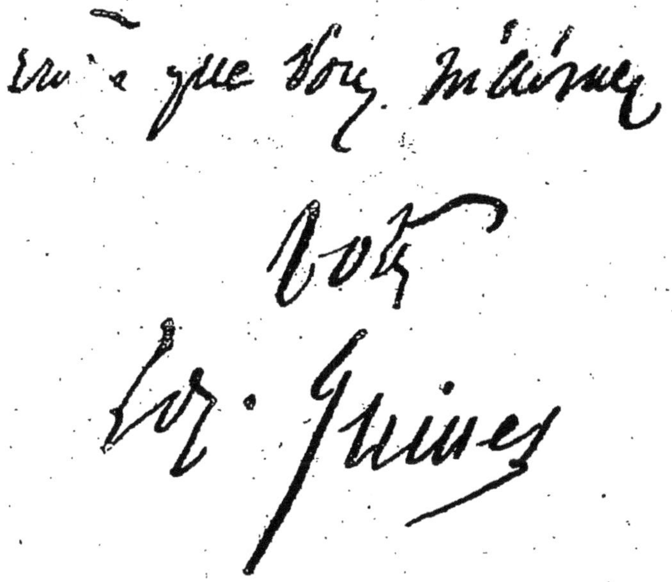

Fig. 101.
Ecriture mouvementée. — Les exaltés.

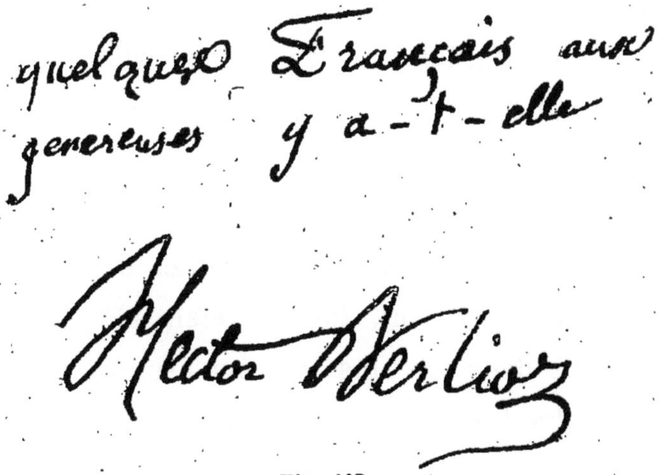

Fig. 102.
Ecriture mouvementée. — Les enthousiastes.

chacun d'une manière différente, sans parler du *d* de *Mademoiselle* qui ne s'agite pas moins

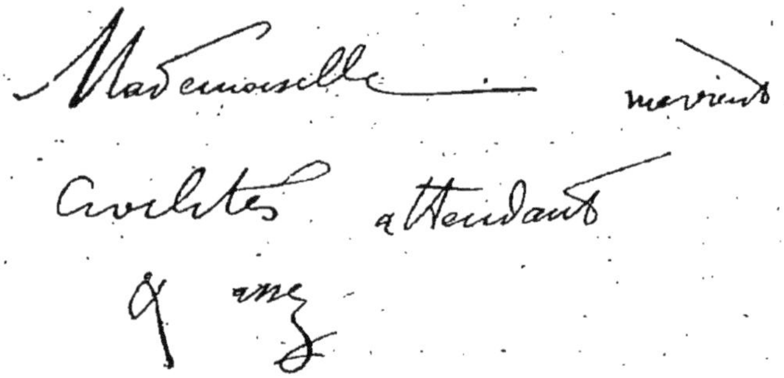

Fig. 103.

Ecriture mouvementée. — Les imaginatifs. — Les gais.

que le *z* de *assez*. (Voir la signature de Robida) (écriture *pittoresque.*)

Les enjoués, les gais, les humouristiques, les *clownesques* ont souvent l'écriture *mouvementée.*

Celle du célèbre caricaturiste anglais Cruishank (fig. 104) est une des plus amusantes et des plus drôlatiques qu'il soit, tout en étant élégante et gracieuse dans ses plus imprévus soubresauts.

Un autre trait de gaieté dans l'écriture met une sorte d'ondulation qui se remarque tantôt

Fig. 104.
Ecriture mouvementée. — Les caustiques.

dans les majuscules, comme dans cet *S*, cet *O*,

Fig. 105.
Écriture mouvementée. — Les gais.

soit dans l'ensemble comme dans Gresset, l'au-

Fig. 106.
Ecriture mouvementée. — Les rieurs.

Fig. 107.
Ecriture mouvementée. — Les enjoués.

teur de *Vert-Vert*, ou enfin tout uniment dans une ligne ondulante. (Voir aux *Paraphes*.)

ÉCRITURE PATEUSE

Les emportés. — Les colères. — Les partiaux.
Les outranciers.
Les cruels. — Les sanguinaires. — Les assassins. — Les brutaux. — Les ignobles. — Les lâches, — Les sensuels. Les gourmands.

L'écriture *pâteuse* est celle dont les lettres sont, soit dans toute leur longueur, soit au milieu, épaisses, grossies, comme si la plume semblait s'être écrasée sur le papier, — c'est l'écriture des passions.

L'emportement, la colère, qui peuvent souvent s'allier à la délicatesse, donnent une écriture comme celle de Paul Deroulède (voir écriture *hardie*), celle de Berryer (fig. 109), où la délicatesse alterne avec la fougue, ou une écri-

Fig. 108.
Ecriture pâteuse. — Les partiaux.

Berryer

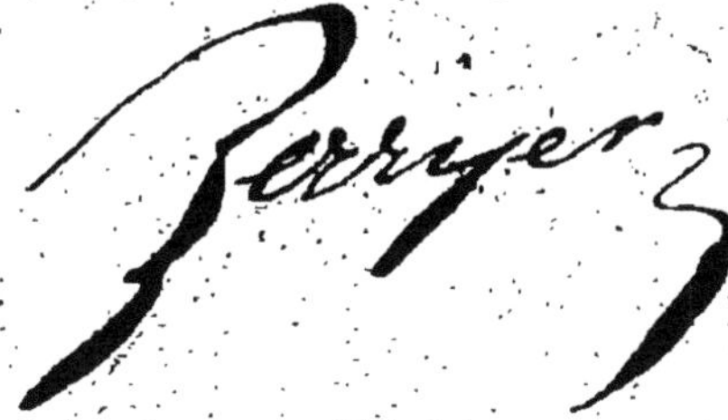

Fig. 109.
Ecriture pâteuse. — Les emportés.

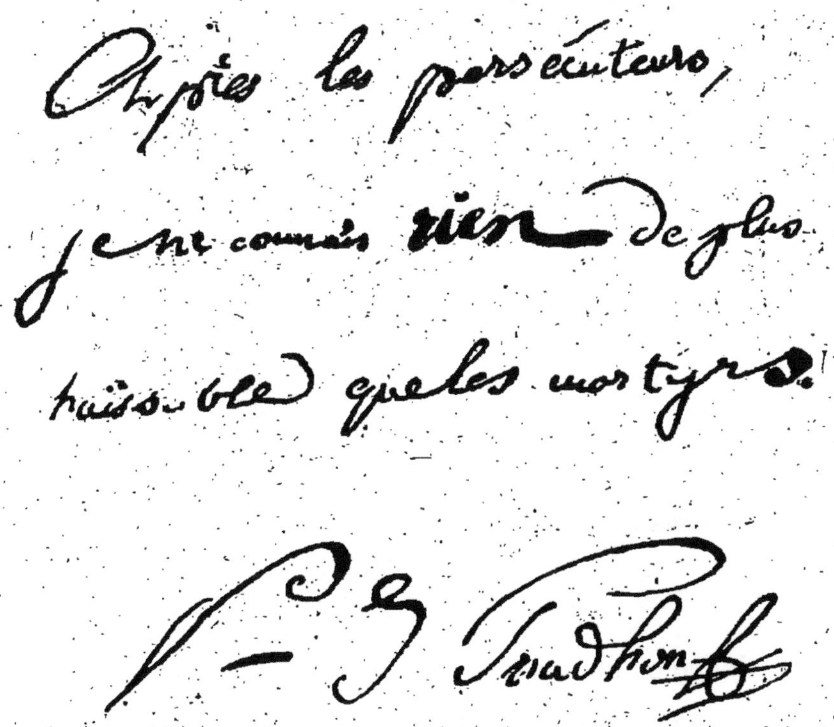

Après les persécuteurs,
je ne connais rien de plus
haïssable que les martyrs.
P.-J. Proudhon

Fig. 110.
Ecriture pâteuse. — Les outranciers.

ture comme celle de Victor Hugo (fig. 108) : le réalisme lutte avec l'imagination.

Chez Proud'hon (fig. 110), le degré s'accentue avec une sorte d'acharnement. Dans cette écriture sèche, disgracieuse et maladroite, *rien* est écrit d'un coup de poing; en terminant la phrase, sous le regret de n'avoir rien de plus à ajouter pour affirmer, il s'affirme encore dans son dire ; il a dilaté l'*s* avec une franchise (voir écriture *grande*) féroce ; néanmoins ici (comme chez Bismarck et Napoléon Ier) la logique mâte la force ; mais chez un être plus naïf et plus rêveur, Jean Journet (voir écriture *détachée*), l'assurance touche au

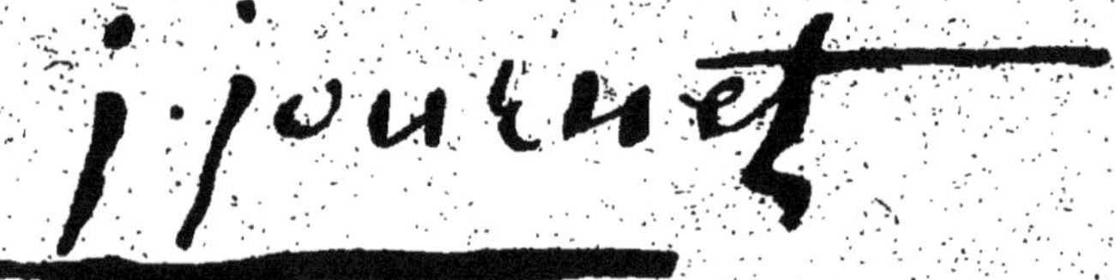

Fig. 111.
Écriture pâteuse. — Les outranciers.

délire et au paroxysme ; on ne lutte plus contre les rêves ou les utopies, on se laisse entraîner à la dérive, et si la passion, l'entêtement et l'arrogance s'en mêlent, on obtient des écritures brutales, lourdes, comme celle du terrible gou-

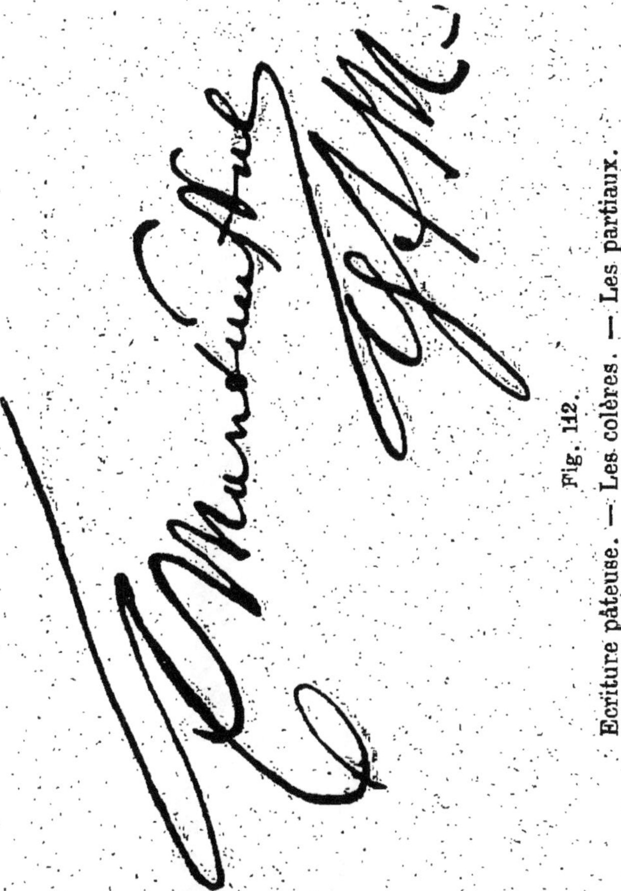

Fig. 112. Ecriture pâteuse. — Les colères. — Les partiaux.

verneur d'Alsace-Lorraine, le feld-maréchal de Manteuffel, homme brave et courageux, dit-on, mais auquel ses inférieurs, dont il ne sut jamais se faire aimer, reprochaient sa partialité et son obstination.

Fig. 113.
Ecriture pâteuse. — Les cruels. — Les sanguinaires.

Chez les cruels et les sanguinaires, la même

tendance pâteuse revient et perce, en dépit d'autres qualités ou aptitudes contraires.

Ainsi, voici un fragment de Toussaint Louverture (fig. 113) auquel on ne peut nier une certaine tendance de grandiose dans la largeur des lignes et la recherche du mieux (surcharges et corrections entre les lignes); pourtant elle est bestialement méchante, et la même nuance féroce

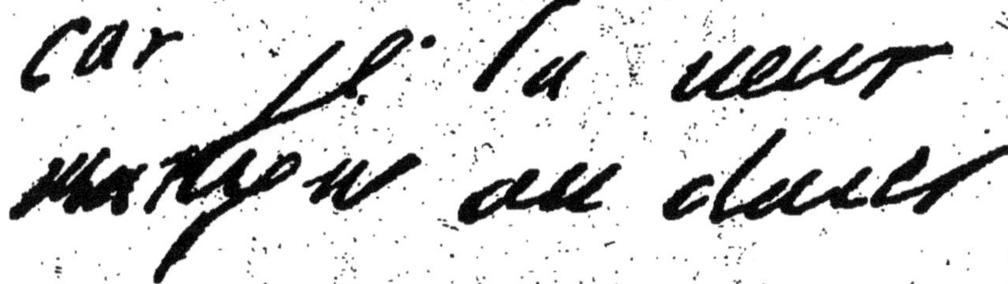

Fig. 114.
Ecriture pâteuse. — Les assassins.

se retrouve sous la plume aristocratique et élé-

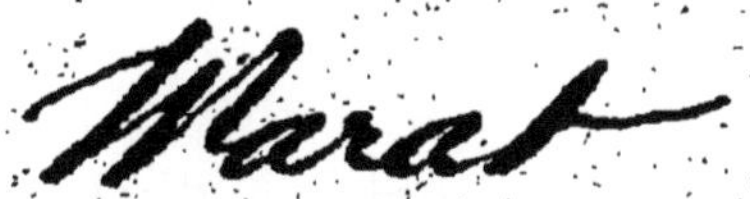

Fig. 115.

gante de la marquise de la Brinvilliers (fig. 114), c'est donc l'écriture des assassins et les spécimens suivants, la signature de Marat, enfin ces deux vers de Troppmann sont des preuves concluantes (fig. 116).

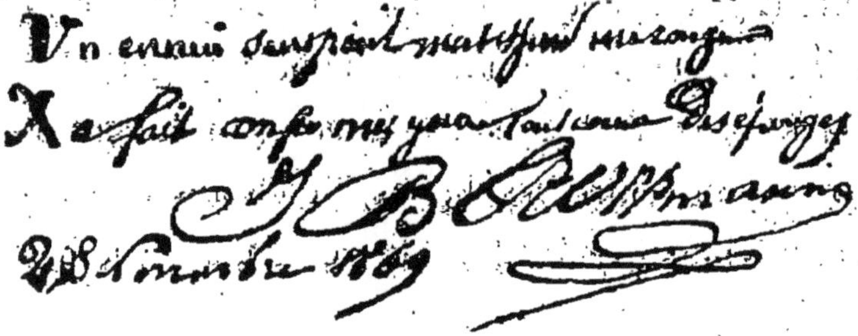
J. B. Troppmann
28 Novembre 1869

Fig. 116.
Ecriture pâteuse. — Les sanguinaires.

Particularité qui peut surprendre d'abord, mais qu'on s'explique à la réflexion, c'est que les poltrons (qui ne sont pas les timides), les poltrons, les lâches, les infâmes écrivent aussi pâteusement que les sanguinaires et les féroces, le vrai courage étant rarement allié à la cruauté physique ou morale.

M. Thiers ,qui acheta la duchesse de Berry, sans parler des coulisses de la guerre et de la Commune, est au premier échelon ; ici la fermeté, la vivacité, la logique servent à masquer adroitement, ou à réfréner secrètement

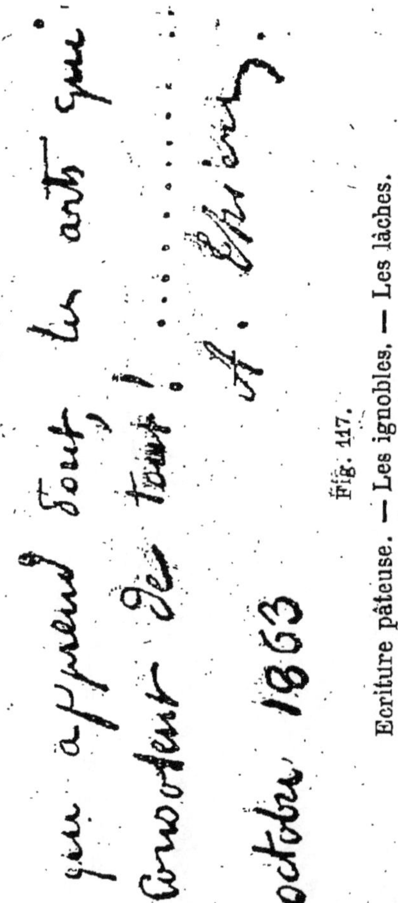

qui apprend tout les arts qui
consistent de tout! ....
octobre 1863 4. [illegible]

Fig. 117.
Ecriture pâteuse. — Les ignobles. — Les lâches.

(fig. 117); vienne un cynique comme le marquis de Maubreuil, et la plume, de pâteuse, devient boueuse. Involontairement cette écriture inspire

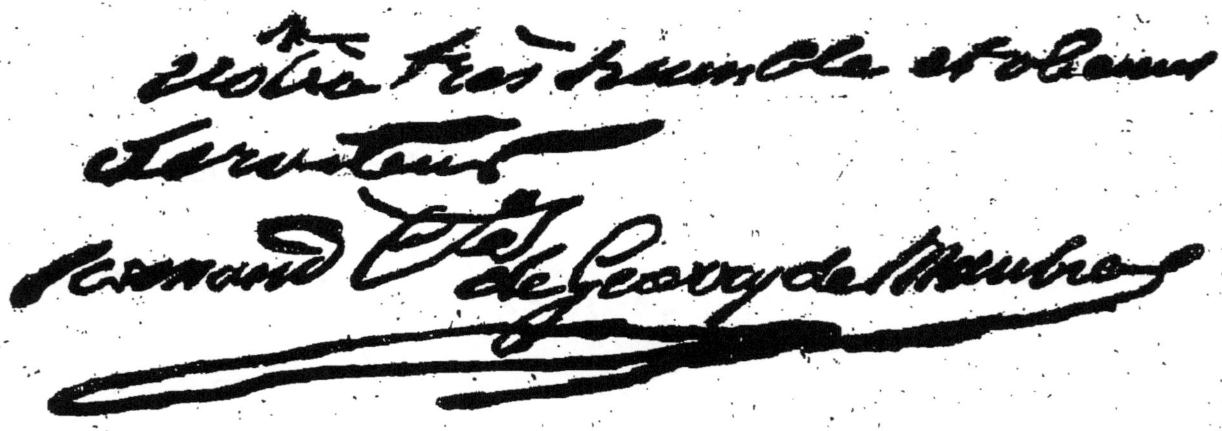

Fig. 118.

Ecriture pâteuse. — Les ignobles. — Les vils.

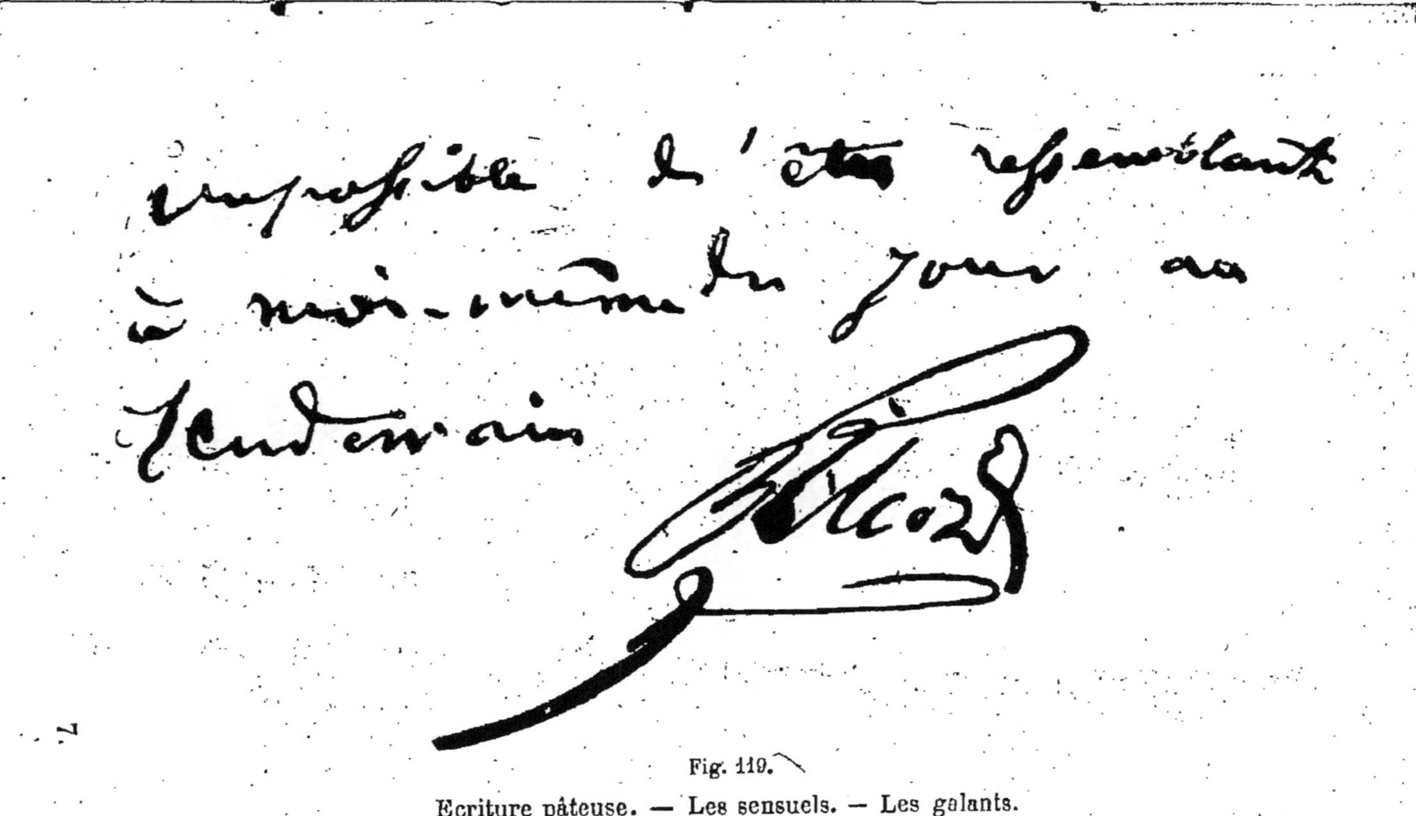

Fig. 119.

Ecriture pâteuse. — Les sensuels. — Les galants.

la répulsion d'une chose malpropre (fig. 118).

Le sensualisme, cette affirmation de la matière qui souligne plus ou moins intelligemment la volupté, s'enlise, s'engouffre, lui aussi, dans l'écriture *pâteuse*.

Ricord, celui qu'on a surnommé le Marivaux de la médecine, et qui fut un talent et un généreux, n'est pas moins lourd que deux aventuriers qui furent deux âmes vénales; remarquables chacun dans leur sphère, en outre, deux libertins, deux érotiques, Mirabeau et Casanova; encore chez le premier, l'orgueil, la hauteur,

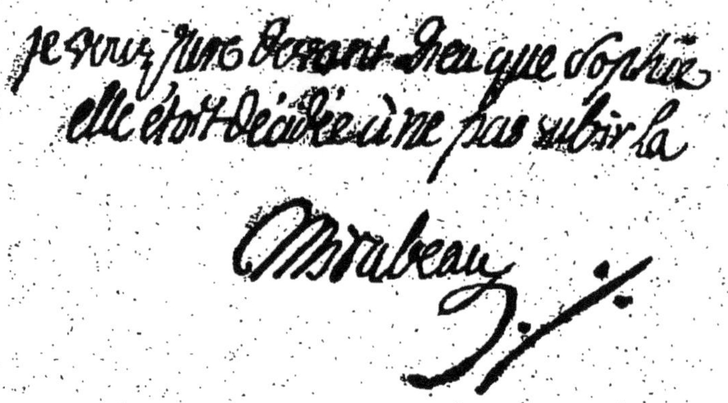

Fig. 120.
Ecriture pâteuse. — Les sensuels. — Les galants.

l'intelligence, arrêtent la vulgarité, qui s'étale basse, mesquine et léchante chez le second —

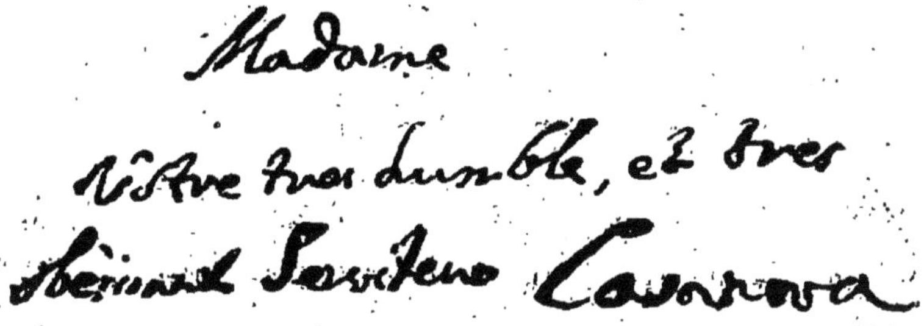

Fig. 121.

Ecriture pâteuse. — Les sensuels. — Les ignobles.

(à propos de sensualisme il y a un curieux rapprochement entre l'écriture *pâteuse* de Mirabeau et celle de sa descendante, Gyp, qui se double,

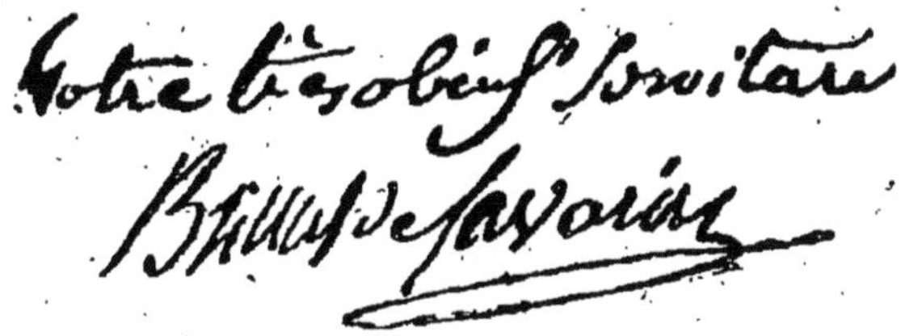

Fig. 122.

Ecriture pâteuse. — Les gourmands.

elle, de grâce et d'élégance. (Voir Écriture *artificielle.*)

Certains sens, celui du goût par exemple qui

Fig. 123.
Ecriture pâteuse. — Les ivrognes.

peut amener la gourmandise, provoque aussi, chez Alexandre Dumas père, chez Brillat-Savarin, chez Monselet, une écriture peu nette, mais chez Kean, l'acteur anglais ravalé juqu'à l'ivrognerie, la nuance pâteuse reparaît.

ÉCRITURE PENCHÉE

Les sensibles. — Les constants. — Les fidèles. — Les affectueux. — Les câlins. — Les impressionnables.

Esprit de conciliation. — Culte du souvenir. — Rancunes.

L'écriture *penchée* est celle dont les lettres inclinent fortement vers la droite.

L'écriture *penchée* est par excellence l'écriture des sensibles, et cette sensibilité est plus ou moins accusée selon le degré plus ou moins incliné de l'écriture, car ce serait une erreur de s'imaginer que toutes les écritures penchées ont la même inclinaison ; George Sand, tout en ayant une écriture *penchée*, n'a pas une écriture aussi penchée que celle d'Alfred de Musset (fig. 124, 125).

Il est certain que Balzac et Lamartine étaient

Fig. 124.
Écriture penchée. — Les affectueux.

Fig. 125.
Écriture penchée. — Les sensibles.

des sensibles, mais aucun d'eux ne l'est autant

Fig. 126.

Ecriture penchée. — Les impressionnables.

Fig. 127.

Ecriture penchée. — Les affectueux.

Fig. 128.

Ecriture penchée. — Les câlins.

que Saint-Marceaux, le sculpteur (fig. 128); pourtant Lamartine, Balzac et Saint-Marceaux sont dépassés bien loin, de cent coudées, par ce

Fig. 129.
Ecriture penchée. — Les calins. — Les conciliants.

« *Sophie* », le prénom de la Cruvelli, aujourd'hui vicomtesse Vigier; l'S est complètement couché (fig. 129).

Tout ce que je puis vous
dire c'est que je souhaite
que son succès égale les
sacrifices de tous genres

Fig. 130.
Ecriture penchée. — Lettres penchées et lettres très penchées, sensibilité débordante.

Il arrive parfois que dans l'écriture *penchée*, quelques lettres le sont davantage que les autres.

Fig. 131.

Écriture penchée. — Lettres penchées et lettres redressées ; sensibilité cachée.

Dans ce spécimen d'un jeune homme très épris, le *t*, le *p*, le *q*, l'*f* et le *g* sont bien plus penchés, c'est un affectueux qui est encore plus attaché qu'il ne le veut paraître.

Dans cet autre spécimen (fig. 131), petit fragment d'enveloppe, la lutte est encore plus forte ; on se raidit contre son penchant ; l'*O* est horizontal, l'a de *Paris* forme presque une croix avec *M* de *Madame*, et le *B* de *Bruxelles*.

Outre ce détail il y en a un autre ; quand on trouve côte à côte des lettres très penchées et des

Fig. 132.

Écriture penchée. — Sensibilité désorientée.

lettres très redressées, comme dans l'écriture de Louise Michel, le deuxième jambage du *V*.... est plus penché que le *C*, tandis que *L* de *Louise* se dresse raide ; c'est la sensibilité refoulée ; on se défie des entraînements de son cœur, on lutte contre ses penchants, c'est souvent l'écriture des prêtres.

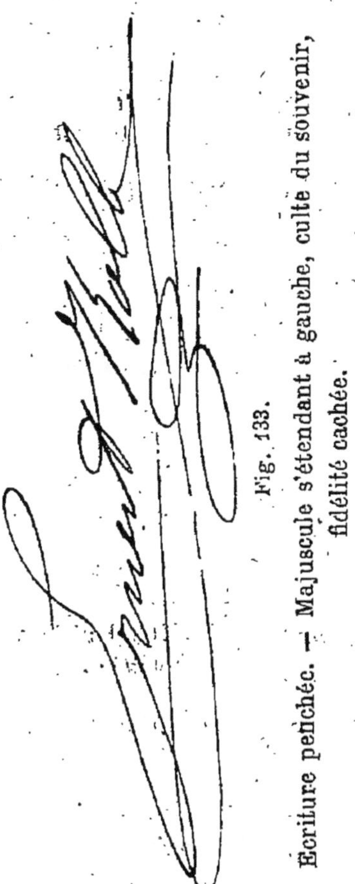

Fig. 133.

Ecriture penchéc. — Majuscule s'étendant à gauche, culte du souvenir, fidélité cachée.

Un signe assez rare mais qui vaut la peine d'être étudié, c'est quand la majuscule s'étend démesurément vers la gauche (figure 133).

Fig. 134.
Ecriture penchée. — Majuscule s'étendant à gauche, culte du souvenir, fidélité étalée.

C'est le respect aux amitiés d'enfance, l'atta-

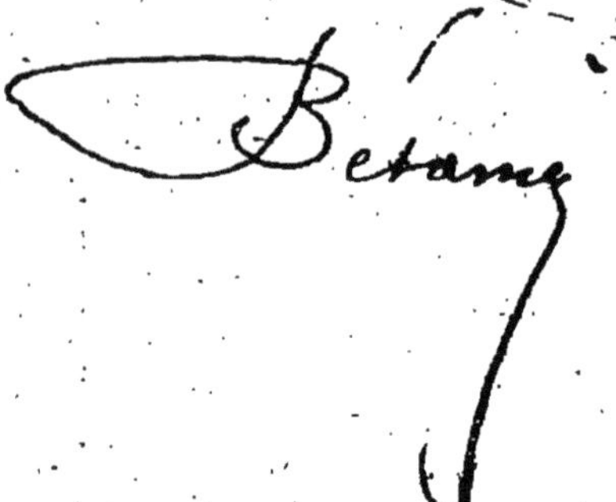

Fig. 135.
Ecriture penchée. — Majuscule s'étendant à gauche, respect des amitiés d'enfance.

chement aux affections et aux amours de jeunesse ;

Fig. 136.
Ecriture penchée. — Majuscule s'étendant à gauche, camaraderie.

ce signe n'a pas encore été classé, mais il

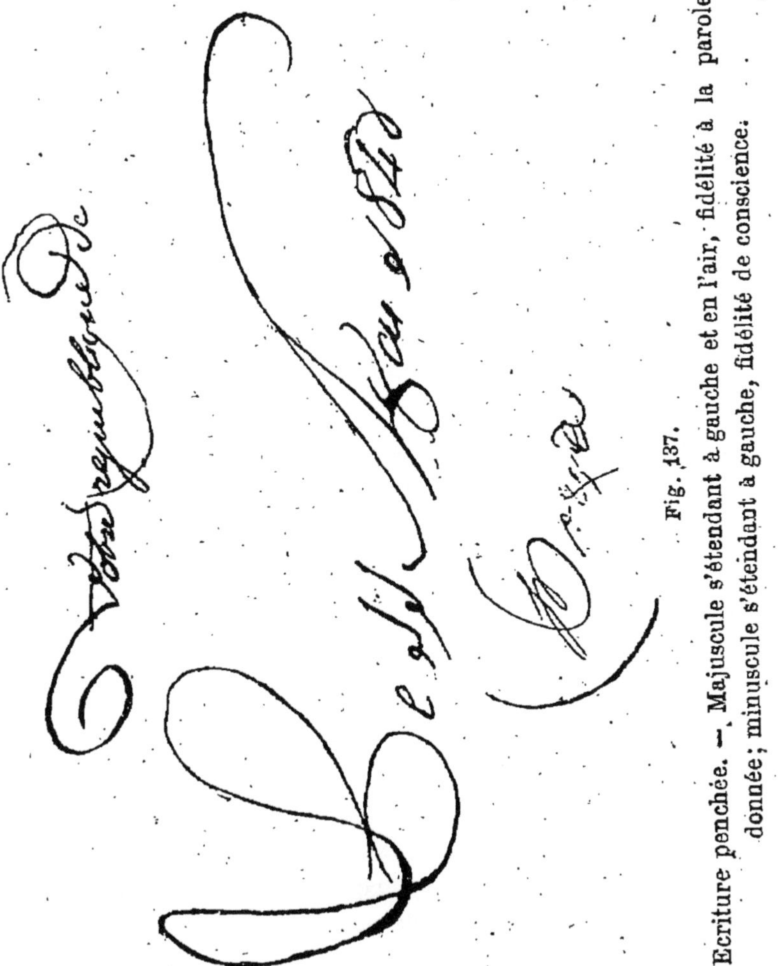

Fig. 137.

Ecriture penchée. — Majuscule s'étendant à gauche et en l'air, fidélité à la parole donnée; minuscule s'étendant à gauche, fidélité de conscience.

mérite qu'on le recherche; en tout cas voici

quatre spécimens de ce genre : Kolb, un éditeur; Bétancès, un médecin; Virginie Déjazet, une actrice; enfin Borgès, le général carliste (fig. 137), émanant tous quatre de caractères où se retrouvent le culte du passé, le sens de la camaraderie, le respect à la foi jurée.

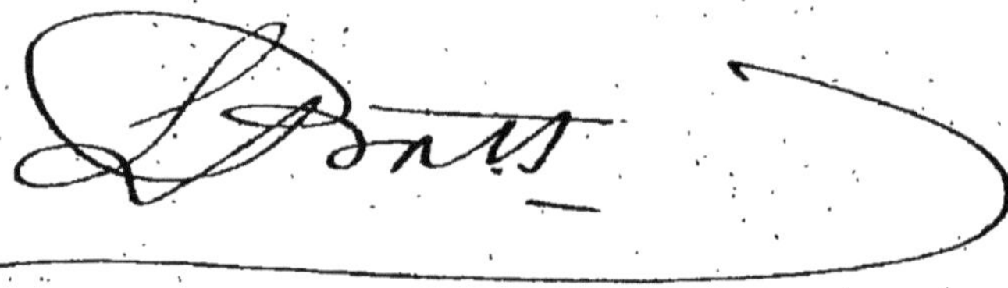

Fig. 138.

Détail curieux : une passion qui laisse des

Fig. 139.
Ecriture penchée. — Majuscule enlaçante, fidélité ou rancune.

traces indélébiles (de haine ou d'amour) peut modifier une écriture; voici deux spécimens de la signature d'une même personne; le premier est la manière primitive; aujourd'hui le *B* enlace *L* étroitement; l'affection a imprimé un sceau particulier qui a refondu l'homme dans son moule spécial.

ÉCRITURE PETITE

Les minutieux. — Les vétilleux. — Les tatillons. — Les mièvres. — Les mignards. — Les insignifiants. — Les desséchés. — Les abstraits. — Les érudits.

Amour des détails.

L'écriture *petite* est celle dont les lettres sont très peu hautes, et qui renferme néanmoins un grand soin des moindres détails calligraphiques et orthographiques.

C'est l'écriture de ceux à qui l'amour des riens suffit, l'écriture des jeunes filles niaises, des religieuses. — Voici le V de Virginie Ancelot ; il est difficile de trouver plus de détails ridicules et fades dans une majuscule sans nulle personnalité ; on se rattrape sur les plus petits riens, et l'on y met une sorte d'amour-propre.

C'est aussi l'écriture des abstraits et des secs absolument dépourvus d'imagination comme

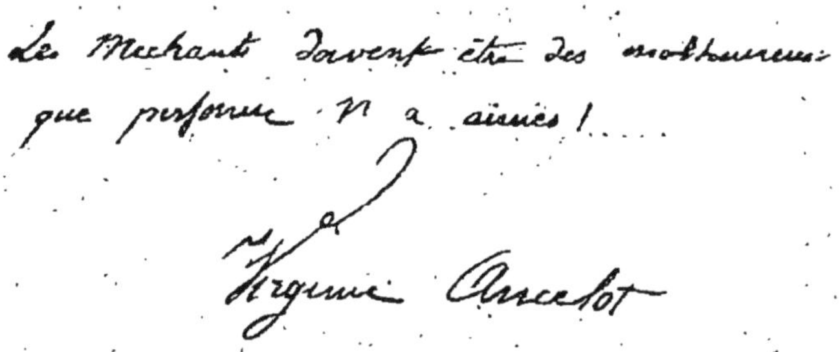

Les Méchants doivent être des malheureux
que personne n'a aimés !...

Virginie Ancelot

Fig. 140.

Ecriture petite. — Les vétilleux. — Les mièvres.

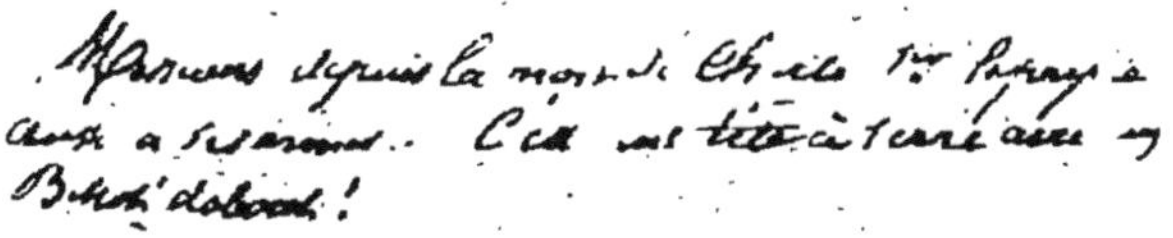

[illegible]

Fig. 141.

Ecriture petite. — Les minutieux.

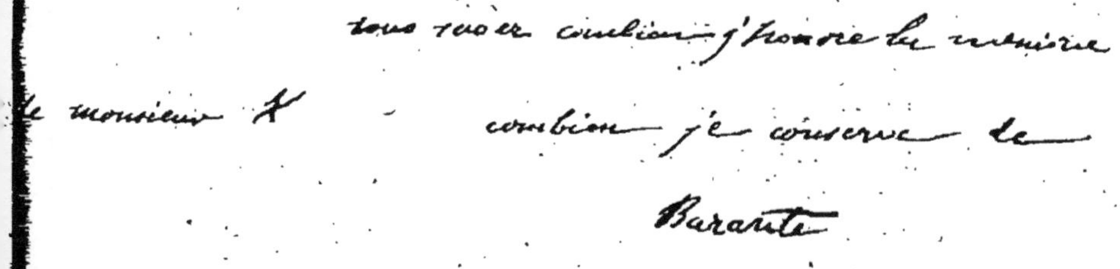

vous savez combien j'honore la mémoire
de monsieur X — combien je conserve de
Barante

Fig. 142.

Ecriture petite. — Les insignifiants.

M. de Barante, l'académicien, l'historien des *Ducs de Bourgogne*; l'écriture des métaphysiciens qui argumentent sur une pointe d'aiguille

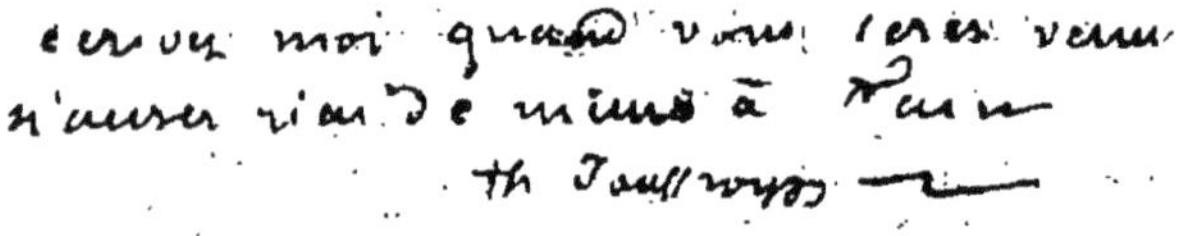

Fig. 143.

Ecriture petite. — Les abstraits.

comme Théodore Jouffroy, ou des minutieux

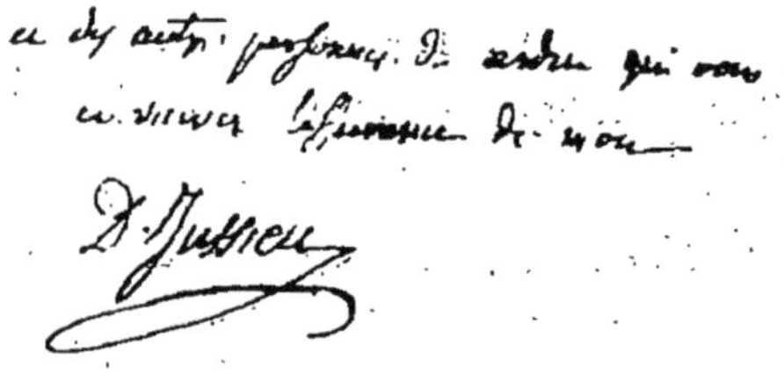

Fig. 144.

Ecriture petite. — Amours des détails — Erudition.

comme de Jussieu, le botaniste, des diviseurs de cheveux en quatre.

ÉCRITURE PITTORESQUE

Les personnels. — Les originaux. — Les élégants. — Les artistes. — Les humoristes. — Les fantaisistes.

Esprits primesautiers. — Sens de l'harmonie. Sentiment de la ligne.

L'écriture *pittoresque*, ou *originale*, est celle qui, sans être ni très normale ni très calligraphique, possède un aspect particulier qui charme et qui impressionne.

Ainsi, voici la signature du dessinateur Albert Robida ; certes, elle est incompréhensible et baroque, mais l'*A* est soudé à l'*R* d'une manière toute spéciale, presque un chiffre chinois, et qu'on cherchera vainement dans un autre *A R* ; cela lui constitue, en dépit de son incompréhensibilité et de sa baroquerie, son cachet original.

L'écriture d'Emile Bergerat possède un autre genre ; elle est imprévue, farceuse ; l'*M* s'élance à corps perdu à travers *Mademoiselle*, le *V* de *Ville* s'agrémente d'un panache qui flotte ; quant

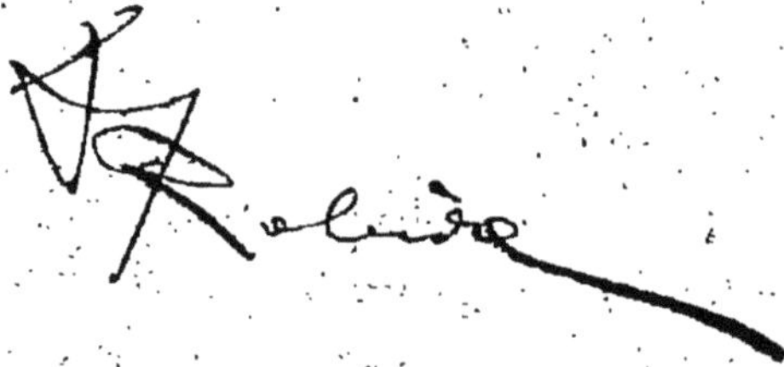

Fig. 145.
Ecriture pittoresque. — Les originaux.

au *B* de *Bergerat*, il a un luxe d'accessoire inouï ; pourtant la grâce naturelle qu'on trouve dans les plus petites minuscules, dans les plus cocasses courbes, sauve cette écriture de la suffisance, et la classe dans les écritures primesautières.

L'écriture *pittoresque* n'a rien d'artificiel, c'est son mérite et son excuse ; aussi, malgré des formes de lettres anormales, les écritures pittoresques ne sont jamais entachées de prétention ou d'intrecuidance, de vulgarité ou de mesquinerie.

En revanche, l'écriture *pittoresque* est souvent déroutante; les natures personnelles et ori-

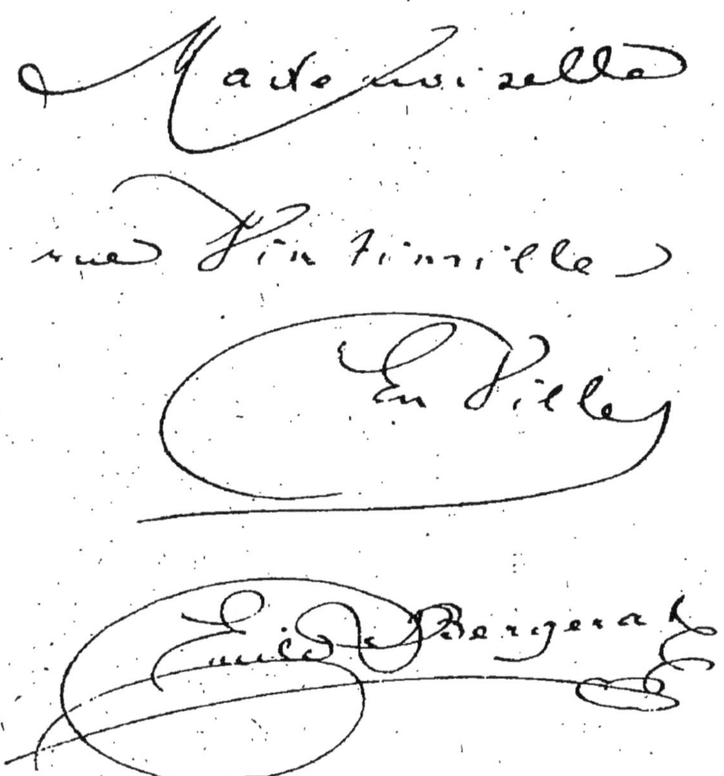

Fig. 146.

Ecriture pittoresque. — Les humouristes. — Les fantaisistes.

ginales dont elle vient la plupart des fois, ont une façon spéciale de voir, en écriture comme en bien des choses. Qui croirait que cette étrange ligne signifie *And Jean Richepin ?*... L'*A* et l'*n* font un *m*, le *d* a la mine d'un *o*, l'*r* et le *J* font

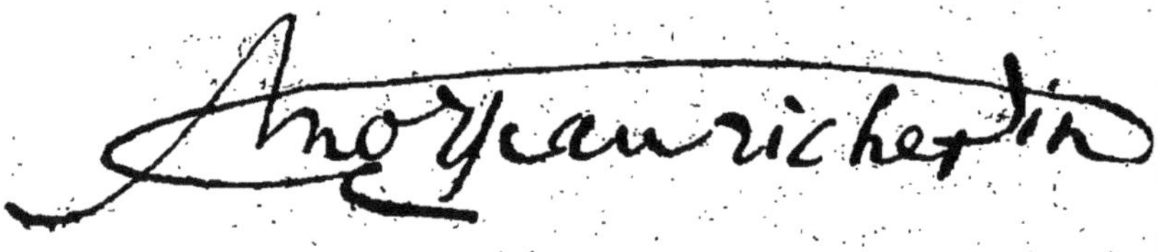

Fig. 147.
Ecriture pittoresque. — Les artistes étranges.

un *y* ; quant au *p*, ce sont des hiéroglyphes ; l'écriture de Richepin, toute pittoresque et coloriste qu'elle est, manque pourtant d'élégance aristocratique : son sensualisme lui enlève l'orgueil de rang ; car la correction peut aussi, comme dans la signature du marquis d'Azeglio, se dis-

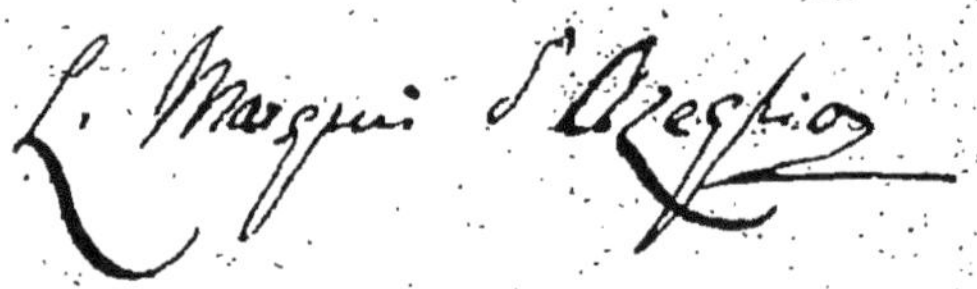

Fig. 148.
Écriture pittoresqne. — Les élégants.

tinguer par des *g* très personnels, qui ne prouvent que mieux les goûts raffinés, habituellement la minuscule se prêtant peu à des transformations, et c'est plutôt la majuscule qui peut, même aussi simple que dans l'écriture de Charles Morice, le

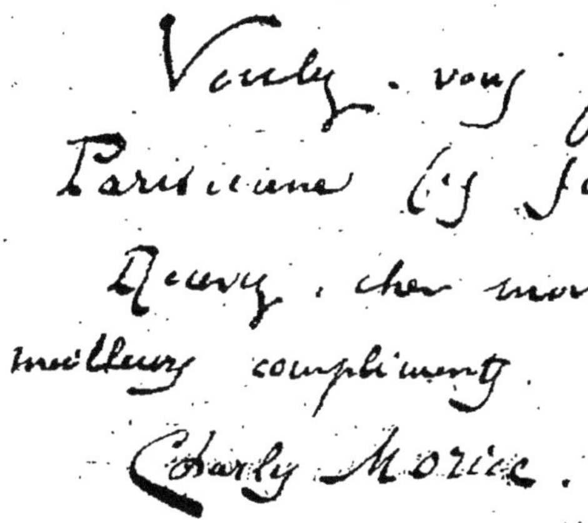

Voulez-vous pour la Vie
Parisienne les Jeunes à cette
Revue, cher monsieur, mes
meilleurs compliments.
Charles Morice.

Fig. 149.
Ecriture pittoresque. — Les personnels. — Les artistiques.

poète décadent, revêtir dans le *P*, l'*R*, les *C*, majuscules et minuscules, une forme artistique.

ÉCRITURE RONDE

Les conciliants. — Les doux. — Les bienveillants. — Les indulgents. — Les soumis. — Les reconnaissants. — Les gracieux.

Caractères faciles. — Engouement. — Humeur égale.

L'écriture *ronde* est celle où l'on ne voit aucun angle.

Les majuscules et les minuscules, le haut ou le bas des lettres, est en courbes qui s'allongent, qui descendent ou qui remontent, mais qui sont rarement rentrantes.

C'est l'écriture de la bonté, où nul angle, nulle pointe ne vient heurter, même quand elle est jointe, comme chez Livingstone, aux angles de la fermeté, ou comme chez Méry, à l'écriture *détachée* de l'extrême imagination (fig. 151).

Fig. 150.
Ecriture ronde. — Fermeté jointe à la douceur.

Chez certaines écritures, ces rondeurs, ces courbes sont prononcées à outrance; tout est pré-

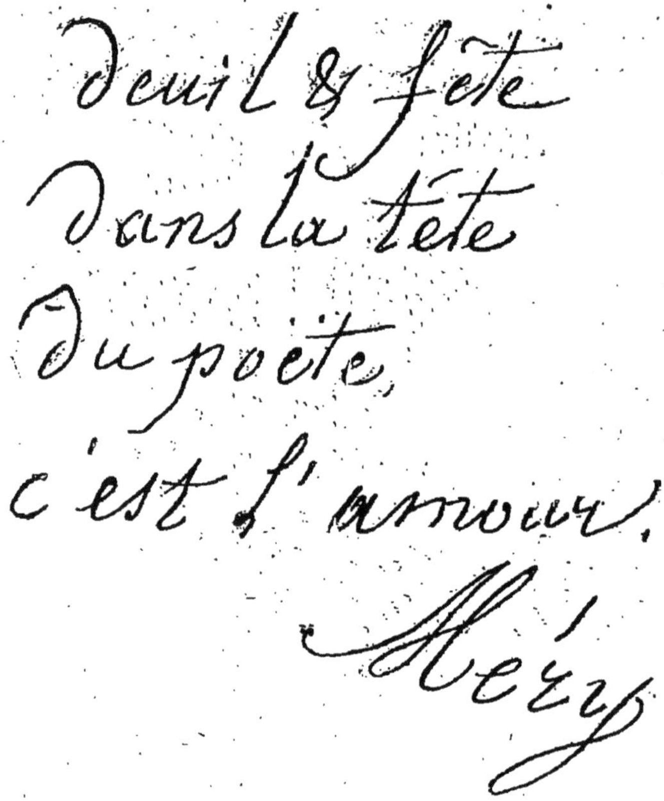

deuil & fête
dans la tête
du poète,
c'est l'amour.
Méry

Fg. 151
Ecriture ronde. — Les conciliants. — Les soumis.

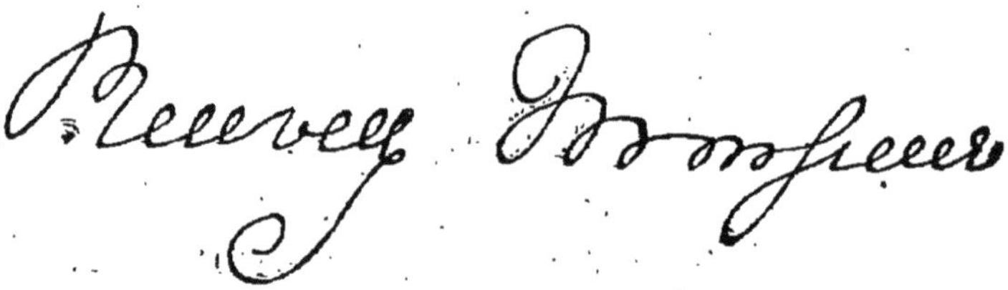

Recevez Monsieur

Fig. 152.
Ecriture ronde. — Les doux. — Les gracieux.

texte à boucles et à ondulatious (fig. 152), et là où il semble impossible d'en créer, Rafaël en a mis dans les *l*, les *t*, les *f*, les *g*, les *p*, les *z* (dans

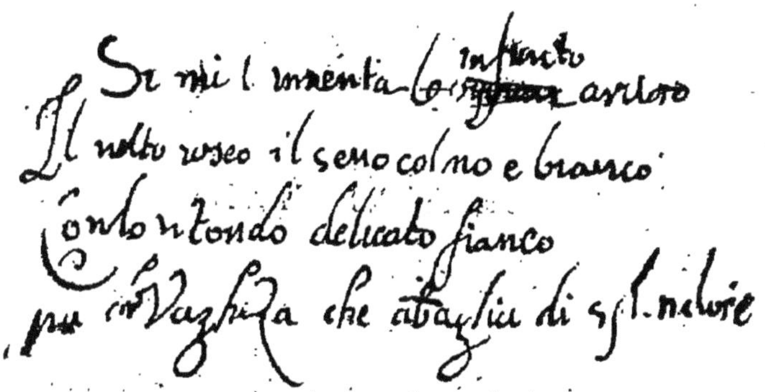

Fig. 153.

Ecriture ronde. — Sentiment du beau gracieux.

Vagheza) ; les minuscules ne le cèdent en rien, pour la courbe gracieuse et presque caressante, aux *S*, aux *V*, aux *C*, et aux *H*, *ha*, majuscules.

ÉCRITURE SÈCHE

Les graves. — Les austères. — Les froids. — Les mystiques. Les immatériels. — Les modérés. — Les uniformes. — Les monotones.

Manque de souplesse. — Froideur de sens.

L'écriture *sèche* est celle où il n'y a aucun excès, ni dans les majuscules ni dans les minuscules, ni dans les pleins ni dans les déliés.

L'écriture *sèche* est peu penchée, sans être droite pourtant ; c'est une écriture qui semble être tracée avec un éternel souci de la retenue, de la modestie, de la modération, et qui à force d'être rognée — involontairement — en arrive à l'uniformité. Ajoutons pourtant que l'écriture *sèche* ne veut pas dire sécheresse; on lui applique le mot *sèche* parce qu'elle contient peu d'encre, en opposition à l'écriture *pâteuse*.

Voici l'écriture de Sainte-Beuve et celle de

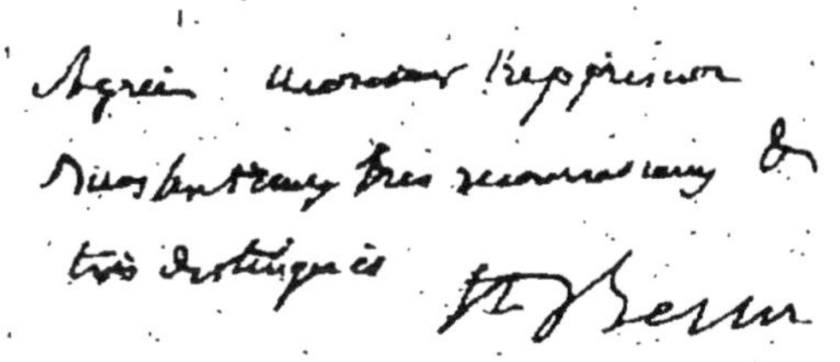

Fig. 154.
Ecriture sèche. — Les froids. — Les modérés.

Ed. de Goncourt, qui sont l'une et l'autre d'une

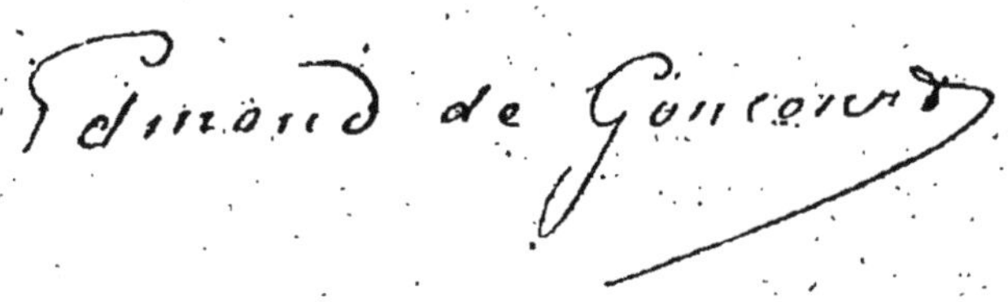

Fig. 155.
Ecriture sèche. — Les froids. — Les uniformes.

extrême sécheresse.

Chez Sainte-Beuve, cette écriture se double d'une étonnante malignité et d'une écœurante mesquinerie; chez Ed. de Goncourt, elle est du moins rachetée par l'imagination et l'élégance.

Fig. 156.

Ecriture sèche. — Les raides. — Les immatériels.

Chez les froids, l'écriture *sèche* produit par-

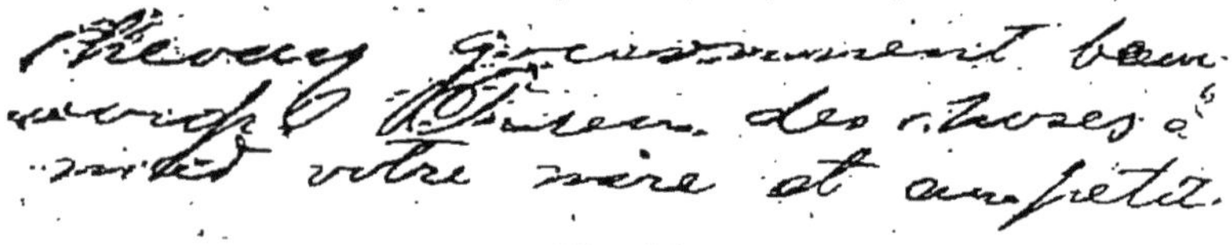

Fig. 157.

Ecriture sèche. — Froideur des sens. — Délicatesse.

fois deux, trois, quatre pages aussi glaciales que

ces trois mots et cette date (fig. 156); certes la pente de l'écriture indique une nature aimante,

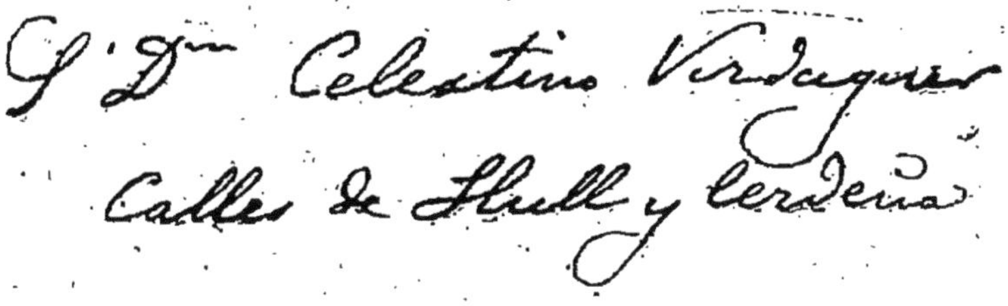

Fig. 158.
Ecriture sèche. — Les délicats.

mais cette affection est cachée sous un aspect glacial.

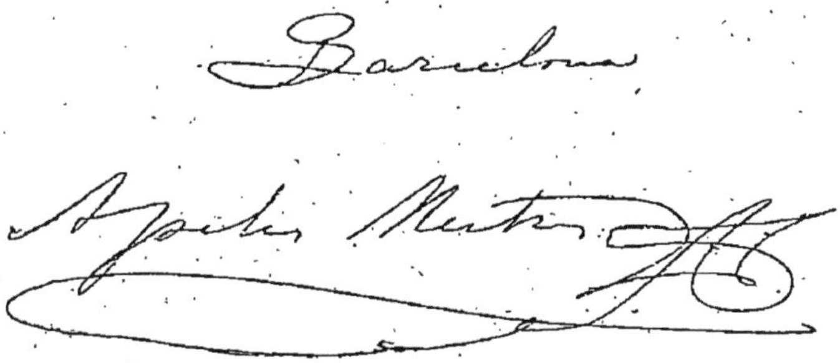

Fig. 159.
Ecriture sèche. — Les délicats.

L'écriture *sèche* étant l'écriture des froids devait être l'écriture des immatériels, de ceux que la matière n'effleure pas ; c'est en général l'écriture des jeunes filles, des jeunes femmes, mais elle peut être soit fine, soit grande, d'ailleurs cette délicatesse immatérielle se rencontre aussi dans l'écriture masculine; par exemple ces deux lignes d'Apeles Mestres, qui sont aériennes de légèreté.

ÉCRITURE SERPENTINE

Les négociateurs. — Les intrigants. — Les souples.
Les diplomates. — Les flexibles.
Don de l'assimilation.

L'écriture *serpentine* ou *sinueuse*, ou *ondulante*, est celle dont les lignes, et même les mots,

St Pair est une plage fondée au
VIème siècle par l'ermite de ce nom,
lequel a défendu à tout jamais la construction
d'un Casino. Il y a beaucoup de châlets

Fig. 160.
Ecriture serpentine. — Don de l'assimilation. — Souplesse d'esprit.

montent et descendent sans cesse au-dessus et au-dessous de la ligne droite.

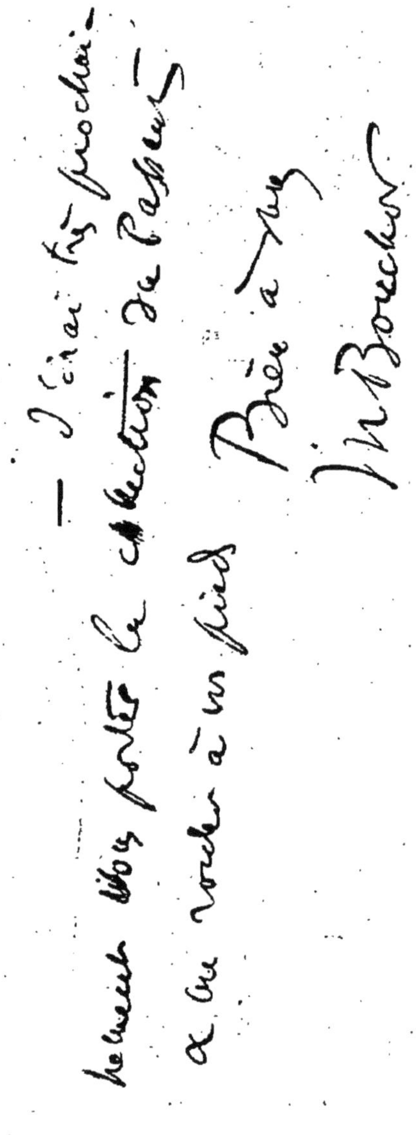

Fig. 161.
Ecriture serpentine. — Esprit flexible et variable.

C'est l'écriture de la souplesse d'esprit, dans toutes les qualités, ou tous les défauts, qui se rattachent à cette faculté.

Voici l'écriture de Robida, qui ondule et serpente; l'esprit merveilleusement élastique se prête à toutes les conceptions; les variétés de son talent sont assez connues (fig. 160 ; voici même une autre écriture serpentine, celle du poète Maurice Bouchor, un talent de poète, aussi délié dans ses multiples genres que Robida dans ses multiples productions (fig. 161).

Cette écriture *serpentine* est souvent — mais non toujours — l'écriture des diplomates ; c'est celle de Talleyrand (voir écriture *serrée*), celle de Thiers (écriture *pâteuse*).

ÉCRITURE SERRÉE

Les économes. — Les mesquins. — Les ladres. Les avares. — Les pingres.

L'écriture *serrée* est celle dont les lettres sont aussi peu étendues que possible.

Dans l'écriture *serrée*, ou *tassée*, les mots s'arrêtent brusquement; ces mots sont, ainsi que les lignes, très rapprochés les uns des autres ; en outre il y a peu de marges, peu d'alinéas et peu d'espaces laissés en blanc ; — en un mot, dans l'écriture *serrée*, qui est l'écriture des économes, rien n'est gaspillé, ni l'encre, ni la place, ni le papier : en voici la preuve. Ce carré de papier (fig. 162) est le verso d'une carte de visite, où une personne ayant le goût de l'épargne a écrit

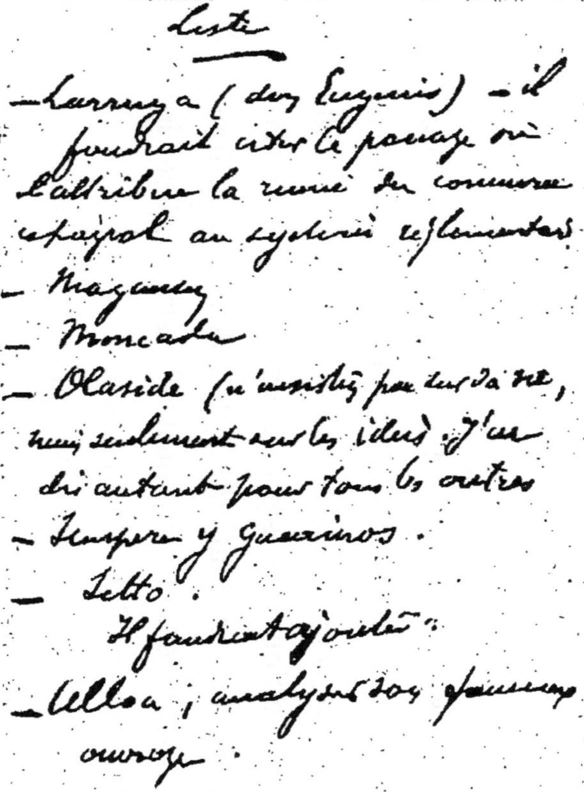

Fig. 162.

Ecriture serrée. — Sens de l'économie.

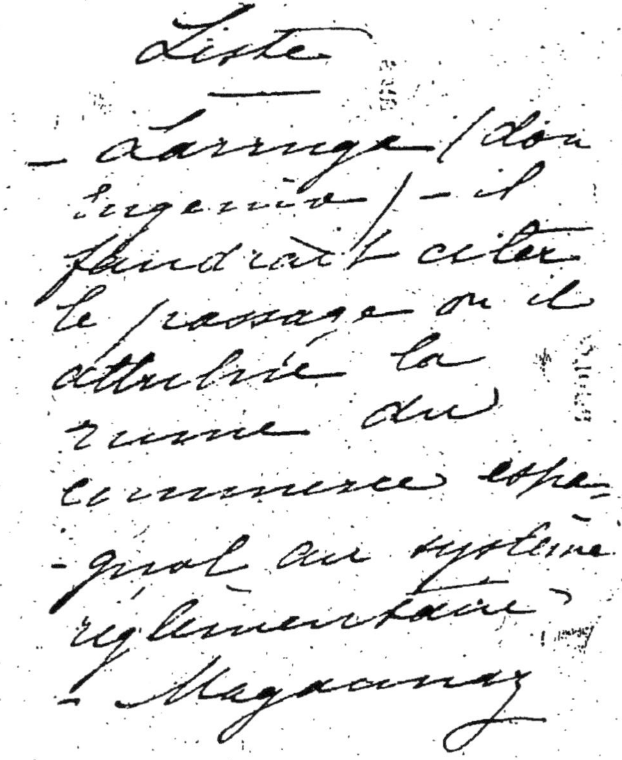

Fig. 162 bis.

Ecriture serrée. — Goûts dépensiers. — Goûts économes.

quelques notes; en priant une autre personne ayant le goût de la dépense d'écrire, sur un morceau de papier d'exacte dimension, les mêmes notes, elle n'a pu copier au delà de la quatrième ligne (fig. 162 bis).

Dans l'écriture de gauche (fig. 162), peu

Mon cher ami

Vous aurez la copie Lundi. Est-ce trop tard ?
Si oui, envoyez-moi un mot. Si non, j'irai Lundi.

Fig. 163.
Ecriture serrée. — Les avares.

d'alinéas, peu de grandes lettres, peu de majuscules; on connaît la valeur du temps et de l'argent; des petits tirets avant chaque nouvelle note indiquent l'esprit de rangement et de classement; par bonheur la délicatesse et la franchise ne permettront jamais d'y laisser glisser les roueries ignobles de l'avarice.

Après l'économe vient le mesquin, qui veut dire celui qui rogne et retranche, non sur sa pauvreté

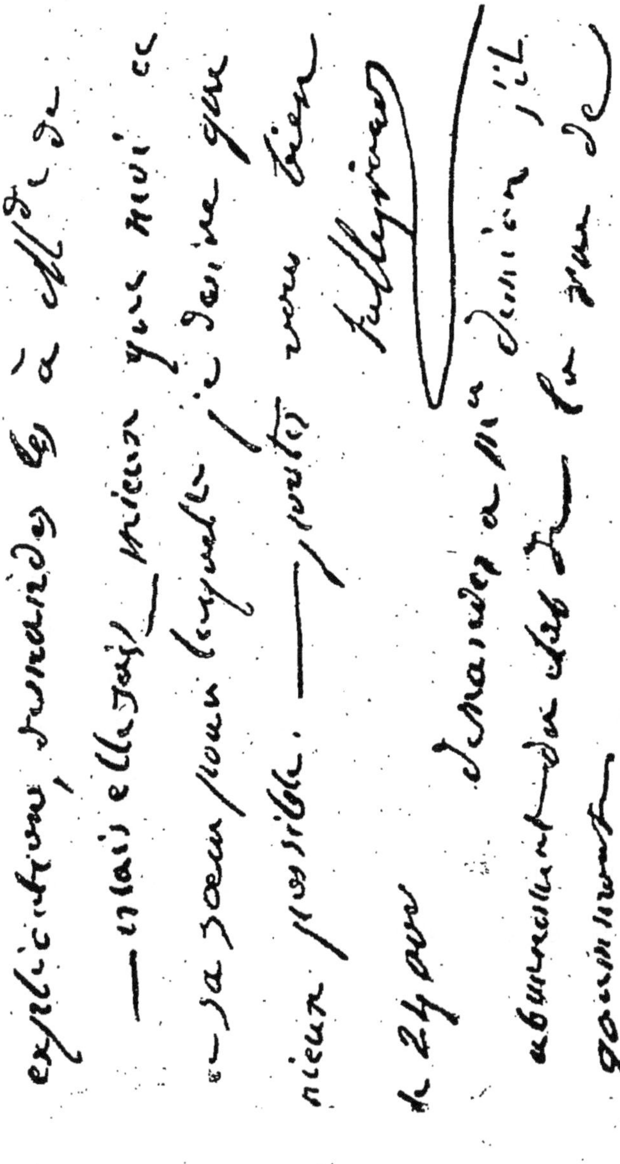

Fig. 164.

Ecriture serrée. — Les mesquins. — Les pingres.

mais sur son abondance ; en effet, voici trois lignes d'un des chefs de la littérature moderne, romancier éthéré (qui déjà riche habitait un taudis dans l'escalier de service d'une maison sordide) (fig. 163). Il semble que l'on a pesé l'encre par milligrammes ; non seulement les z de *aurez* et *envoyez* sont rognés, mais les barres des *t*, la virgule et le trait d'union entre *Est-ce* sont raccourcis, ratatinés.

L'écriture de M. Thiers rentre dans cette catégorie, et celle de Louis XVIII, mais Talleyrand, après tant d'autres renommées, peut s'en acquérir une autre comme type de pingre ; il économise même le jambage d'un *m* qu'il utilise avec le délié d'un *e*; dans *demandez ;* à *madame de*, il écrit *M*[de] *de;* dans toute la lettre absence de majuscules, absence d'alinéas, un petit trait tient lieu de l'un et de l'autre.

ÉCRITURE SIMPLE

Les simples. — Les naturels. — Les sobres. — Les naïfs. — Les modérés. — Les prudents. — Les calmes. — Les graves. — Les retenus.

Amour du vrai. — Dédain de l'affectation. — Sentiment de la supériorité morale ou matérielle. — Sang-froid.

L'écriture *simple*, ou *sobre*, ou *calme*, est celle où il n'y a aucune enjolivure, et où les lettres sont formées par les traits strictement nécessaires à leurs formes.

C'est en général l'écriture des esprits intelligents et sensés, c'est souvent l'écriture des natures d'élite.

De même qu'il y a toutes sortes de prétentions, il y a toutes sortes de simplicités, et mille nuances d'écriture *simple*. On peut la constater partout ; soit dans une écriture irrégulière et négligée

Fig. 165. Ecriture simple. — Les naturels. — Les naïfs.

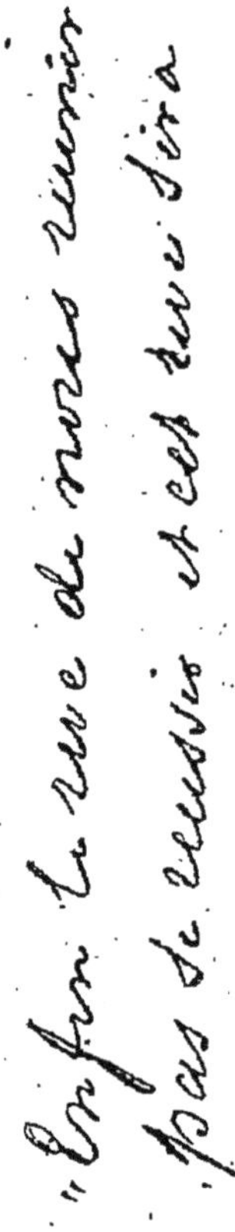

Fig. 165 bis. Écriture simple. — Les naïfs. — Les naturels.

Fig. 166. Écriture simple. — Les sobres. — Les graves.

comme celle-ci (fig. 165), soit dans une écriture soigneuse et égale comme les deux lignes suivantes, enfin dans l'un, comme dans l'autre spécimen, absence complète de prétentions.

Simplicité ne veut pas sous-entendre faiblesse ou insignifiance : Fénelon dans sa grandiose et superbe signature, Cavour dans cette écriture effacée et modeste (fig. 167), Millet l'auteur de

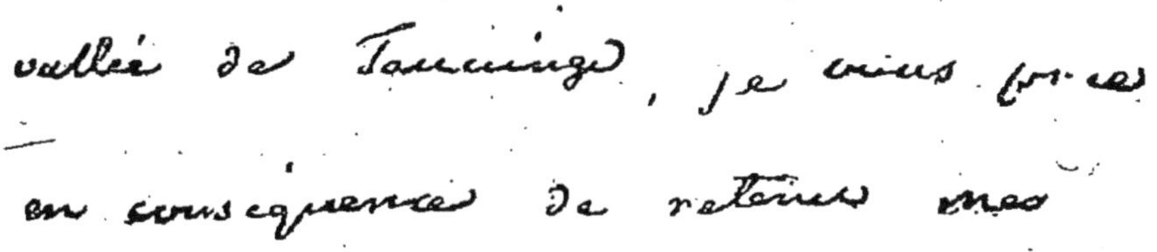

Fig. 167.
Ecriture simple. — Les sobres. — Les naïfs.

l'*Angelus*, dans cette écriture ronde et penchée,

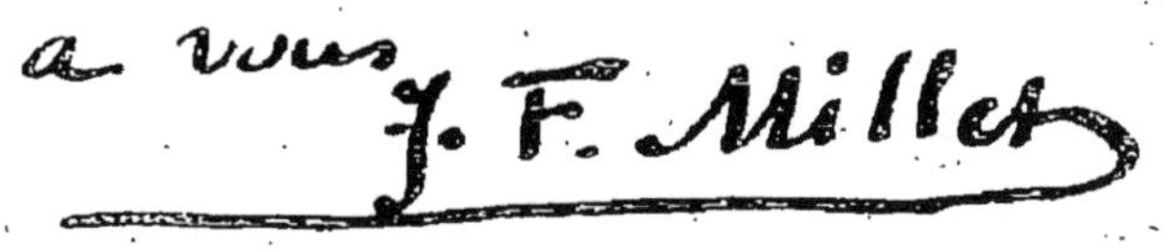

Fig. 168.
Ecriture simple. — Les calmes. — Les retenus. — Sang-froid.

ne seront pourtant jamais taxés de banalité, de nullité, ou de vulgarité.

La simplicité est non seulement l'écriture des goûts simples, mais elle est très souvent l'écriture des rois, des reines, de tout être qui, ayant le sentiment de sa valeur, soit sociale, soit mo-

Fig. 169.
Ecriture simple. — Sentiment de la valeur personnelle, orgueil, absence de vanité, Louis XIV.

rale, dédaigne de se rehausser par des soulignements ou des décorations.

Outre l'écriture *simple*, il y a l'écriture *simplifiée*, l'écriture des penseurs, des philosophes, qui ont depuis longtemps jugé et pesé les choses à leur mérite, et les estiment à leur réelle valeur, avec la naïveté de ceux qui voient de haut.

Dans ces écritures, la minuscule est souvent

employée pour la majuscule, même là où elle est

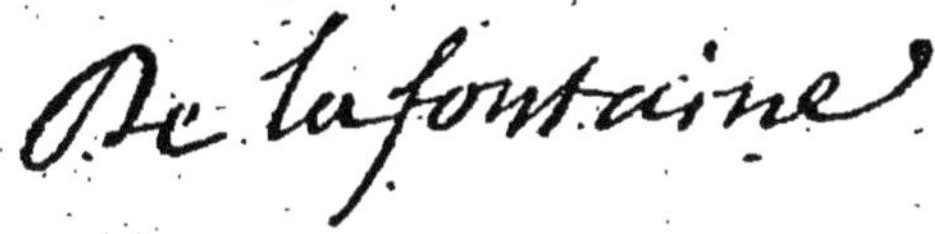

Fig. 170.

Ecriture simple. — Les naïfs. — Les distraits.

de première nécessité, dans la signature, soit

Fig. 171.

Ecriture simple. — Les modestes. — Amour du vrai.

d'un noble comme La Fontaine, soit d'un bourgeois comme H. Flandrin.

Poussés à l'excès, les simples commencent par enlever à l'écriture tout ce qui n'est pas rigoureusement nécessaire et finissent par lui ôter sa forme. Ainsi ce spécimen (fig. 172) signifie : *Sarah, B. Perez-Galdos ;* l'*S* peut passer pour un *l*, l'*r* et l'*h* pour des *t* sans barre ; quant au *B* c'est un *D*, le *P* c'est un *O*, le *G* est un *I*, l'a... n'est rien du tout, le *d*, l'*o*, l'*s* sont un total grif-

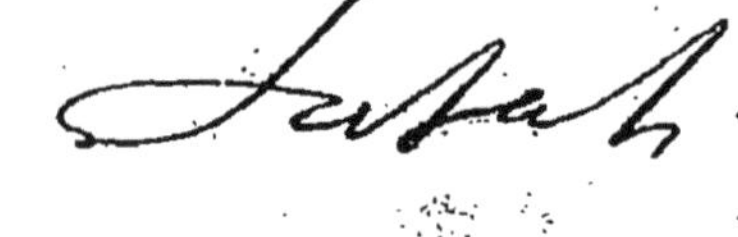

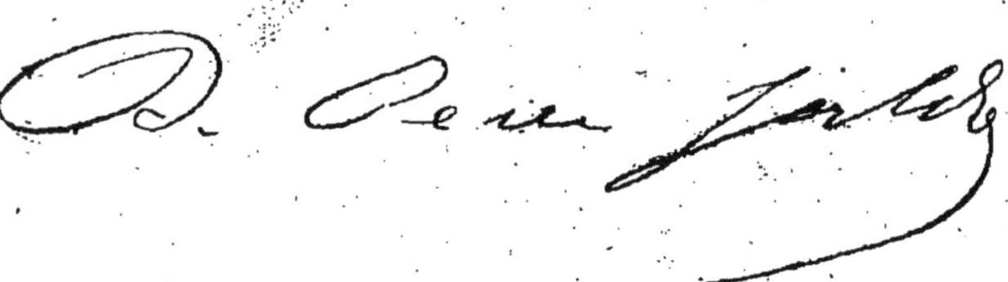

Fig. 172.
Ecriture simplifiée. — Dédain de l'affectation. — Amour et recherche du vrai.

fonnage. Aversion des préjugés, horreur de l'étiquette.

Il faut rattacher à l'écriture *simple* l'écriture *calme* qui en diffère fort peu ; dans ces écritures

d'après ses œuvres. On y
verrait, ne le connût-on pas
d'autre part, que ce père du
roman réaliste fut un

Fig. 173.
Ecriture simple. — Stricte simplicité. — Absence d'imagination.

les lettres sont réduites à leur plus simple et leur plus calme expression.

Ces quatre lignes de Jules Lemaître (fig. 173) n'offrent ni dans les majuscules, ni dans les minuscules, ni dans les moindres détails, d'ac-

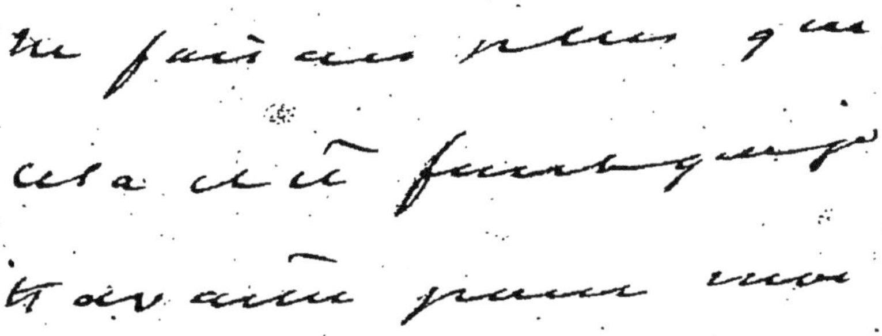

Fig. 174.
Ecriture simple. — Sang-froid. — Les sobres.

cents, points ou barres, la plus petite dépense d'imagination.

Dumas fils écrit de même façon; c'est un calme, mais un faux calme; les points sur les *i*, sur *it*, et sur *travaille*, sont mouvementés, plus qu'un faux calme, c'est un contenu.

ÉCRITURE SURÉLEVÉE

Les vains. — Les infatués. — Les orgueilleux.
Les lucides.
Sentiment de son mérite. — Aspirations vers l'inconnu.
Profondeur de la pensée. — Natures aristocratiques.

L'écriture *surélevée* ou *disproportionnée* est celle où l'on trouve, mélangées à des lettres moyennes ou petites, des majuscules très grandes.

Il faut examiner tout d'abord que ce ne soit pas des majuscules étalées avec prétention comme dans l'écriture *artificielle;* ce sont, ordinairement, des majuscules très simples.

C'est l'écriture de l'orgueil, qu'il atteigne la dignité, ou qu'il descende à la vanité.

Guizot et Lamartine signaient de la sorte, et l'on retrouve chez l'un comme chez l'autre un

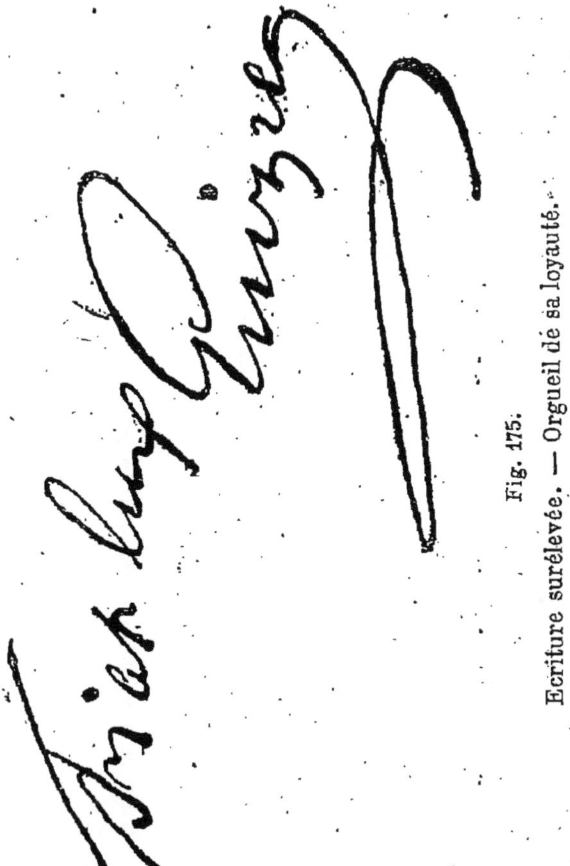

Fig. 175.
Ecriture surélevée. — Orgueil de sa loyauté.

étalage de fierté, de cette fierté peu commune qui ne transige jamais avec la loyauté, même dans l'ombre de la conscience ; seulement chez Guizot c'est l'orgueil froid et positif de l'homme d'État ;

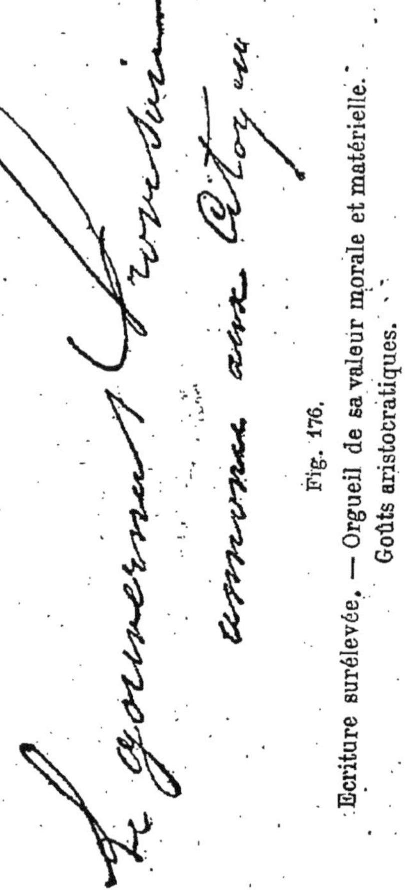

Fig. 176.

Ecriture surélevée. — Orgueil de sa valeur morale et matérielle. Goûts aristocratiques.

chez Lamartine, c'est l'orgueil aiguillonné par l'imagination (fig. 176).

Le surhaussement de l'écriture se trouve d'ailleurs soit dans des écritures énormes comme celle

Fig. 177.

Ecriture surélevée. — Orgueil naïf. — Droiture.

de Louis XVI, soit dans une petite écriture

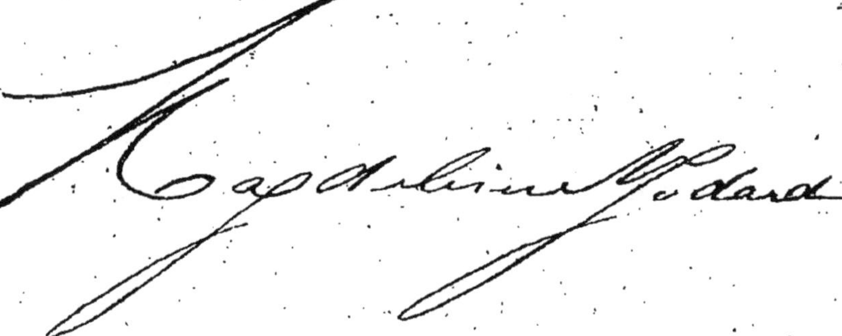

Fig. 178.

Ecriture surélevée. — Orgueil de ses talents.

comme celle de Magdeleine Godard qui offre d'énormes disproportions.

Charles Guiteau, l'assassin du président Garfield, qui tua pour l'idée de se créer une réputation, avait cette admiration de lui-même jointe à

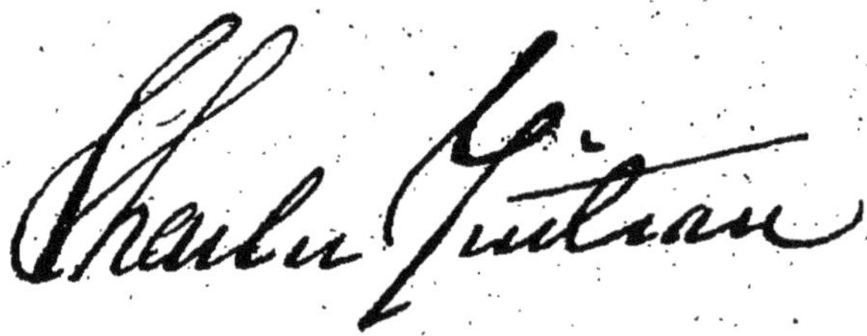

Fig. 179.

Ecriture surélevée. — Orgueil dur et brutal. — Les infatués.

une excentricité très particulière ; le *C* et le *G* se surhaussent d'étrange sorte, et le *C* est formé à rebours, signe d'extravagance...

Chez Philippin, l'ex-président de la Confédération suisse, l'orgueil se développe de façon à absorber la personnalité au point de l'annihiler.

Mais comme exagération de vanité fanfaronne, rien n'égale celle de Ziem, où s'étend la plus formidable majuscule *P* que jamais plume ait produite ; cette fatuité touche au délire.

Parfois aussi l'écriture *surélevée* est l'aspira-

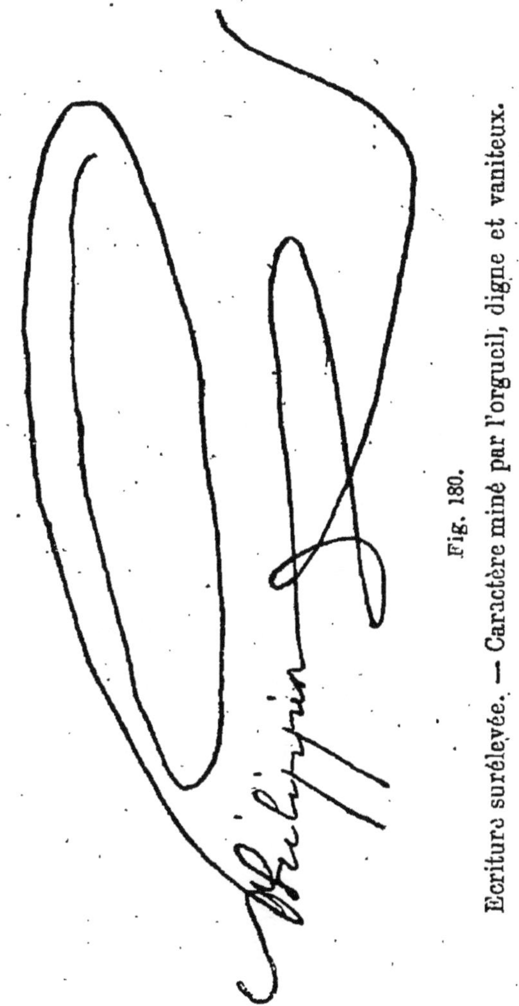

Fig. 180.
Ecriture surélevée. — Caractère miné par l'orgueil, digne et vaniteux.

tion vers l'idéal, vers l'au delà ; en ce cas, dans

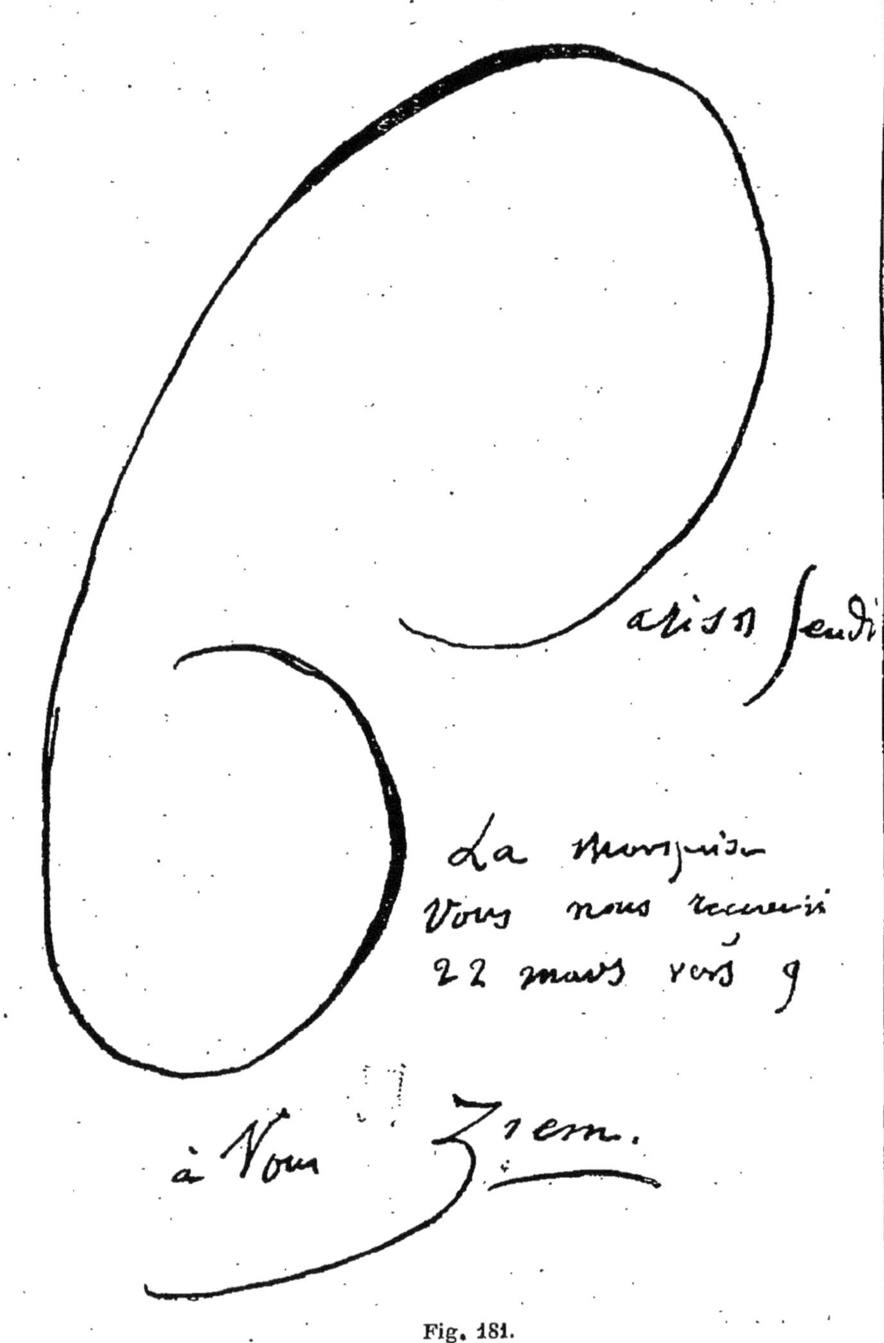
Paris Jeudi

La Marquise
Vous nous recevrez
22 mars vers 9

à Vous Ziem.

Fig. 181.
Ecriture surélevée. — Orgueil fanfaron.

ce mot *Pensées* comme dans Lamartine, les

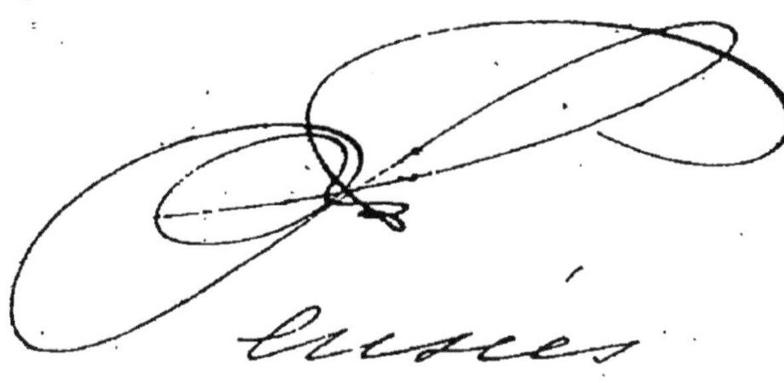

Fig. 182.

Ecriture surélevée. — Orgueil de sa valeur morale. — Lucidité. Aspirations à l'inconnu.

Fig. 183.

Ecriture surélevée. — Lucidité. — Profondeur de la pensée.

majuscules sont d'une grande simplicité, et ce

surhaussement semble involontaire, la plume s'échappe; de même dans ces lignes d'Édouard Rod, l'*E* s'élève comme une fusée, ces esprits ont des envolées qui atteignent des espaces inconnus, et tendent à l'*au delà*.

ÉCRITURE VULGAIRE

Les vulgaires. — Les grossiers. — Les stupides. Les ineptes. — Les banals. — Les gracieux.. — Les sots. Peur du qu'en-dira-t-on?... Soumission aux préjugés.

L'écriture *vulgaire* est celle dont les lettres manquent de formes normales ou élégantes.

Ce n'est ni l'écriture *irrégulière* ni l'écriture *calligraphique*, c'est l'écriture sans correction, sans harmonie et sans personnalité; l'étoffe est si vulgaire que la prétention même ne peut s'y glisser.

L'écriture de la duchesse de Dantzick est un type de vulgarité : majuscules, minuscules, tout y est commun et disgracieux, et c'est à peine si dans le *D* de *Duchesse*, la vanité de la femme s'est appliquée une seconde ; effort vain, car le *D* de *Dantzick* est le *d* d'une maritorne (fig. 185).

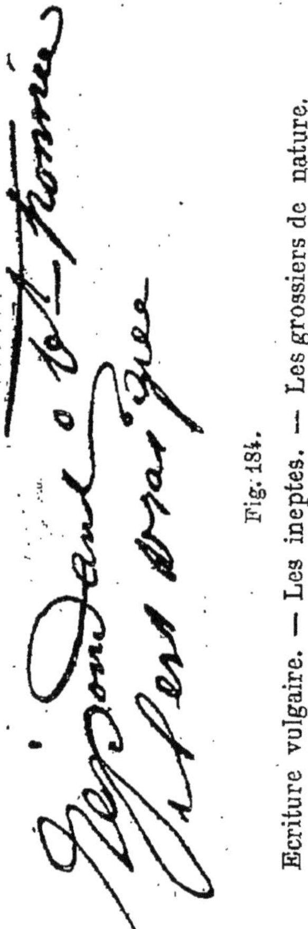

Fig. 184.

Ecriture vulgaire. — Les ineptes. — Les grossiers de nature.

La célèbre madame de Pompadour, dans un autre genre, avait une écriture tout aussi triviale,

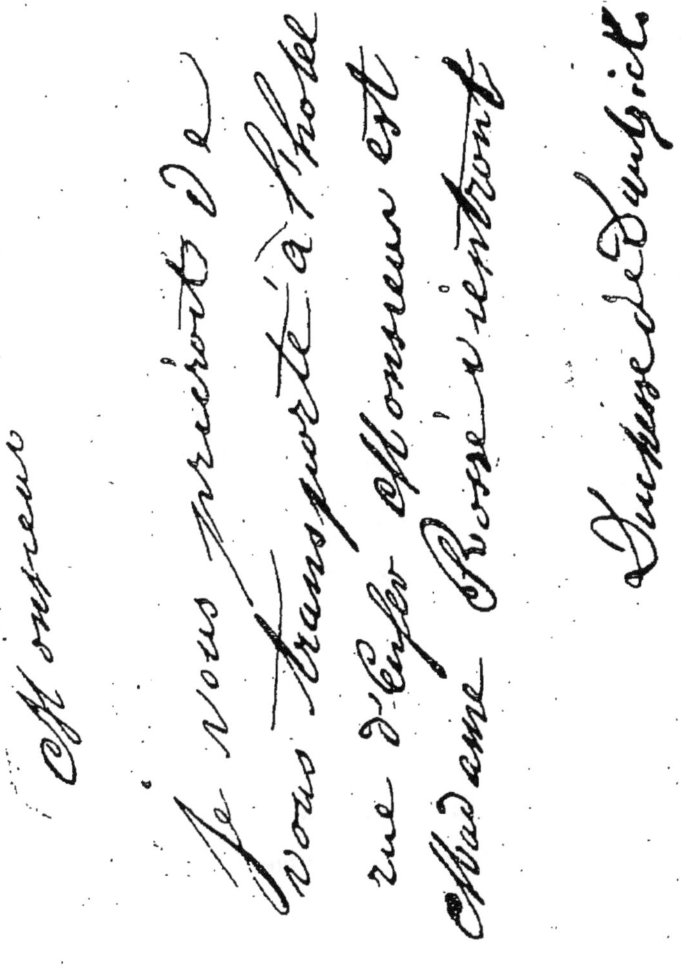

Monsieur

Je vous pricrois de
vous transporté à l'hotel
rue d'Enfer Monsieur est
Madame Rossé vièntront

Duchesse de Dantzick

Fig. 185.

Ecriture vulgaire. — Les banals prétentieux. — Les incultes.

(fig. 184), et il ne faudrait pas s'imaginer

Fig. 186.
Ecriture vulgaire. — Les mesquins. — Les vulgaires.

que l'habitude d'écrire souvent, ou d'une éducation soignée, puisse modifier cette rusticité :

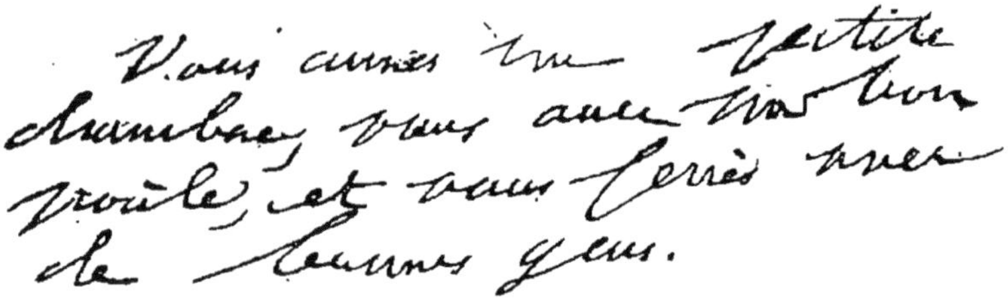

Fig. 187.
Ecriture vulgaire. — Les banals. — Les obtus.
Soumission aux préjugés.

voici quatre lignes du descendant d'une illustre famille, d'un Bourbon, de Charles X, qui touchent à l'ignoble.

DEUXIÈME PARTIE

ALPHABET GRAPHOLOGIQUE

MAJUSCULES ET MINUSCULES

Il y a cinq positions pour une lettre :

1° Majuscule,

2° Minuscule,

3° Initiale, c'est-à-dire placée en tête d'un mot,

4° Intermédiaire, soit placée au milieu d'un mot,

5° Finale.

A

L'A est fréquemment employé comme majuscule; comme minuscule il a moins de valeur.

1. Initiale, lettre mouvementée, penchée : imagination, sensibilité (Albert Glatigny).

2. Initiale, barrée en haut : élévation d'esprit; barre en relevé très accusé; persévérance ; (Alcide Bruneau).

3. Initiale, majuscule courbée : douceur; forme spéciale : originalité; simplicité, caractère à part (Signature de madame Ackerman).

4. Initiale, élégance et pittoresque malgré une grande simplicité (Signature de Le Nôtre).

5. Initiale en forme de minuscule avec barre : originalité et personnalité (Alfred Delvau).

6. Initiale en forme de minuscule : absence de prétentions (Emile Augier).

7. Initiale en forme de minuscule : extravagance (Arsène Houssaye).

8. Minuscules : I. La barre se détache, droite, à part : manque de goût; II. *a* en forme d'*alpha*, érudition, esprit cultivé.

I II

9. Minuscules ; I. *a* ouverts en haut : expansion ; II. *a* ouverts en bas : dissimulation, hypocrisie.

I

II

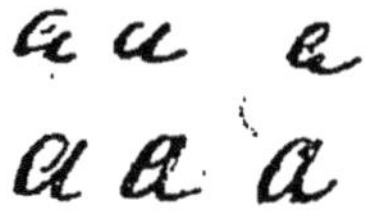

B

Le B se trouve fréquemment, lettre rarement gracieuse, mais très révélatrice.

1. Initiales : originalité et grâce. I. La duchesse du Maine ; II. Baudelaire.

2. Initiales : lettres simplifiées : grandes vues ; les têtes sont aiguës, menaçantes : écriture des audacieux, des novateurs. I. Général Boulanger ; II. Bastien-Lepage ; III. Paul Savorgnan de Brazza.

3. Initiale, la hampe plus haute que le reste de la lettre : penchant à la domination, orgueil, goûts aristocratiques (écri-

ture d'une religieuse irlandaise).

4. Initiale : factisation gracieuse, coquetterie (Suzanne Brohan).

5. Initiale : factisation, préciosité, cela signifie : *de B.*

6. Majuscule, disgracieuse : manque de goût; crochet rentrant : égoïsme.

7. Majuscule s'étendant à gauche : fidélité à la parole donnée, aux amitiés d'enfance, culte du souvenir.

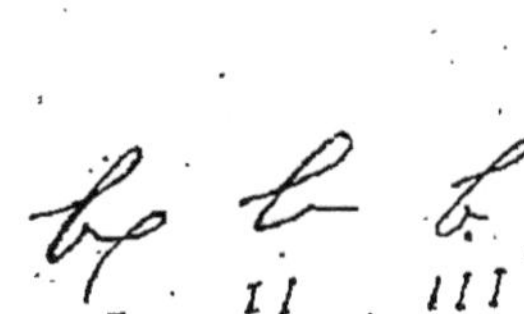

8. Minuscules : I. Lettre finale à crochet : égoïsme. II. Lettre intermédiaire, ouverte : mollesse; III. Lettre finale, très refermée : réserve, ténacité.

C

Le C, très fréquent, ne s'étudie que comme majuscule.

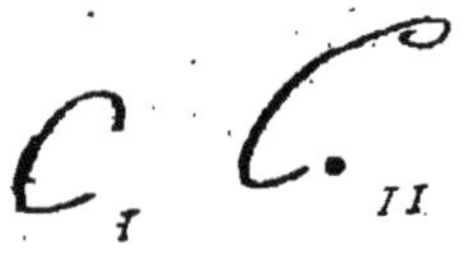

1. Majuscules : I. Elégance, sécheresse et harmonie (Dumas fils) ; II. Simplicité, raideur, manque de grâce, point après la lettre : prudence (M. de Freycinet).

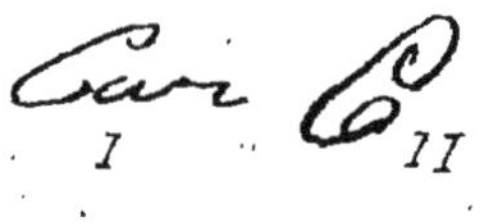

I II

2. Majuscules. Lettre penchée, délicatesse et amabilité (M. Carnot) ; II. Lettre vulgaire et prétentieuse.

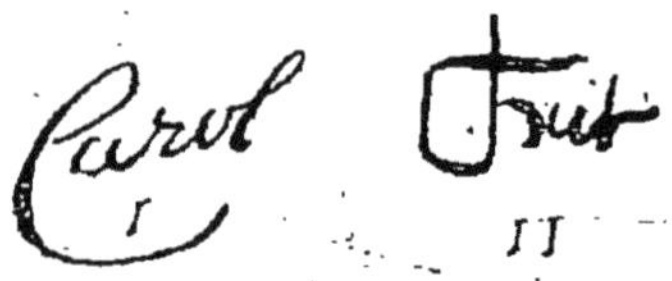

I II

3. Majuscules : I. Lettre tranchante et résolue : (Duchesse de Berri) ; II. Lettre factice et gracieuse, forme typographique.

I II

4. Majuscule surélevée et disproportionnée, ardeur orgueil, loyauté, emportement (Maréchal Canrobert).

D

Le D, majuscule ou minuscule, est une lettre très révélatrice, et qu'il ne faut jamais négliger d'examiner.

1. Majuscules : I. Lettre excentrique : grande personnalité (Alfred Delvau) ; II. Lettre excentrique, forme typographique : sentiment de l'art (Barbey d'Aurevilly).

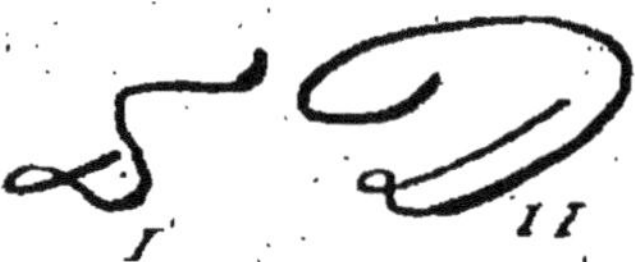

2. Majuscules : I. Lettre fantaisiste, cherchant dans l'inconnu : imagination (A. Mestres). Lettre penchée : douceur (Ai. Desclée).

3. Majuscules : I. Lettre illisible malgré sa gran-

deur : fausse apparence de franchise, ruse (B. Disraëli); II. Lettre banale et prétentieuse : suffisance et morgue.

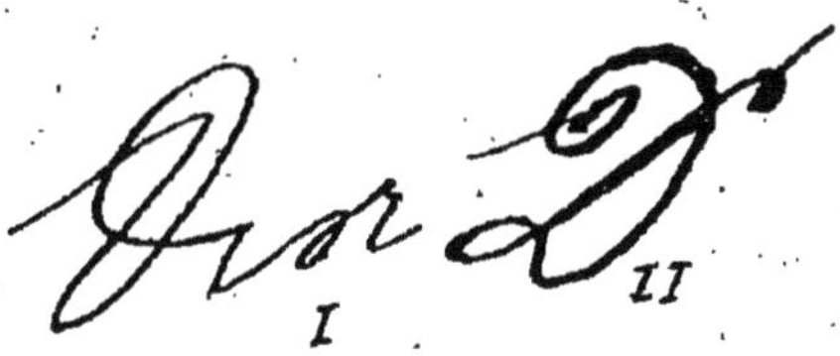

4. — Majuscules : I. Clarté, netteté, pointe descendante: culture d'esprit (Daniel Stern). II. Lettre simple, le premier jambage, presque horizontal, est très ramassé : humilité, culture d'esprit moins abstraite que la précédente.

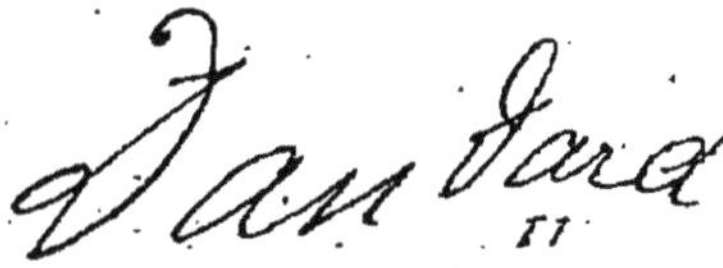

5. Majuscule. Lettre sans grâce et sans correction, vulgarité et prétention (Duchesse de Dantzick).

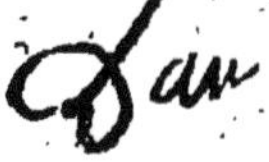

6. Minuscules. I. Retournée en arrière : réserve, empire sur soi ; II. S'allongeant

I II

III IV V

VI VII

VIII

vers la droite, d'après quelques graphologues : impuissance intellectuelle ; III, Banalité et routine ; IV. Enroulement ; recherche et égoïsme ; V. Egoïsme et ténacité ; VI. Enthousiasme, exaltation ; VII. Liée à la lettre suivante : logique, suite dans les idées ; VIII. *d* fait à rebours : extravagance.

E

L'E, peu usuel comme majuscule, est en graphologie très important comme minuscule.

1. Majuscules ; I. Force, clarté, pénétration (Etienne Arago) ; II. Simplicité, netteté (Leconte de Lisle).

2. Majuscule, simplicité et grâce : sentiment de l'art.

3. Majuscule penchée : tendresse ; s'étendant longuement à gauche : culte du souvenir et des amitiés de jeunesse

4. Majuscules : I. Lettre simplifiée : culture d'esprit (Ernest Feydeau) ; II. Lettre panachée : prétention.

5. Minuscules : I. E en forme d'accent circonflexe,

bienveillance qu'on s'impose ; II. Minuscule finale, audace ; III. Minuscule formée à rebours : originalité qui peut conduire à l'extravagance; IV. Simplicité, netteté, la chute est évidente; V. Crochet rentrant : égoïsme ; VI. E fait d'angles, fermeté : personnalité; VII. Finale épaisse : nature passionnée ; VIII. Imagination démesurée; IX. Imagination et bravade, élans vifs; X. Minuscule plus petite que le reste du mot, défiance ; XI. (Toute) E fait d'un simple trait : finesse; XII. Finale longue et fine: prudence, goûts dépensiers, audace portée au défi.

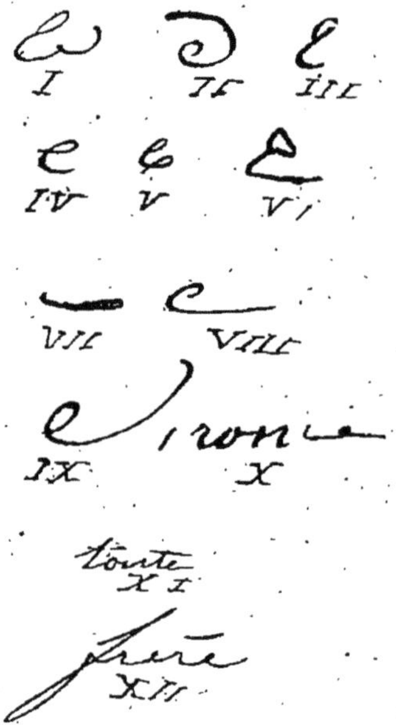

F

L'*F* est rarement employé comme majuscule, comme minuscule il n'offre que deux types d'étude.

1. Majuscule : deux *F* enlacés : originalité pittoresque (Feuillet de Conches).

2. Majuscules : forme typographique : simplifiée : culture d'esprit, science mitigée d'art (Morel-Fatio).

3. Majuscule : forme originale : personnalité vive, Hector Berlioz ; II. *F* simplifié, lettre s'élevant : tendance à l'idéal (M. de Falloux).

I II

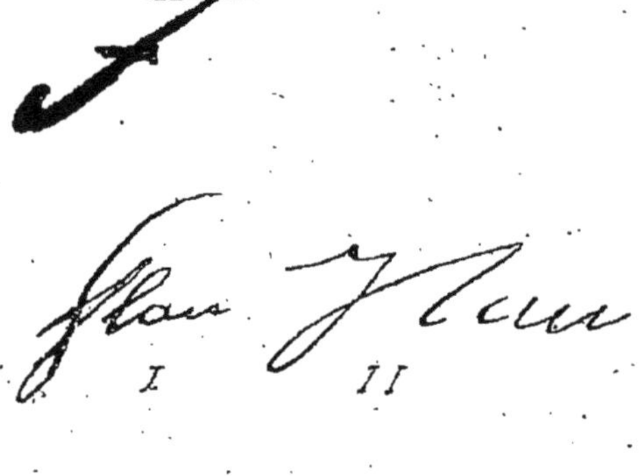

4. Majuscule : grâce et force, passions vives, élégance (Madame Frédérique O'Connor).

5. Majuscules simplifiées : I. simplicité gracieuse : Hippolyte Flandrin ; II. Gaucherie inélégante : (G. Flaubert).

6. Majuscules en forme de minuscules : extrême simplicité. I. Pittoresque, Foussier, le collaborateur habituel d'Emile Augier ; II. Finesse, délicatesse, élécance : (Fortuny).

7. Majuscule : imagination, vivacité (Fox).

8. Minuscules : I. *F* formé à rebours : originalité pouvant mener à la folie (marquis de Sade) ; II. grâce

et élégance, sentiment du beau (José-Maria de Hérédia).

9. Minuscules : I et II. Grands *f* barrés en retour : signe de ténacité ; plus la barre forme un angle à gauche, plus l'entêtement est accentué ; III. *F* minuscules terminés en massue : ténacité violente, outrances (Lamennais).

Fille
I
II
III

G

Le G est une des lettres dont la forme prête le moins à la grâce et à l'art; comme minuscule il n'est presque jamais final.

1. Majuscule : I. Souplesse douce: enroulements (Georges Washington); II. Élégance et rondeur (Roger).

2. Majuscules : I. Lettre au niveau de la ligne: orgueil, sentiment du beau (G. Rossini); II. lettre simplifiée : détachement des idées reçues, absence de prétentions mondaines (Gounod).

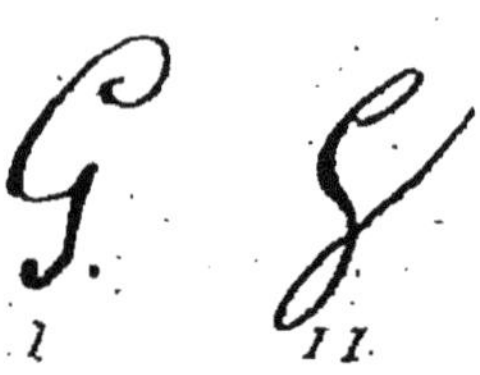

3. Majuscules : I. Lettre reliée à la lettre suivante :

esprit de suite (Crépieux-Jamin) ; II. Lettre simplifiée : absence de prétentions (Gustave Doré) ; III. Majuscule en forme de minuscule : grande simplicité unie au sentiment de l'art (Théophile Gautier).

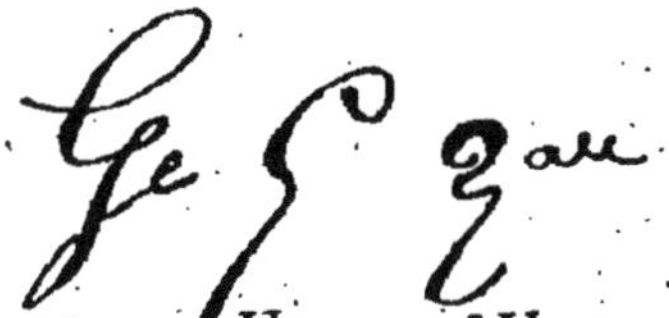

I II III

4. Majuscule fantaisiste : personnalité (Alb. Glatigny).

5. Minuscules se rapprochant de la forme typographique : sentiment de l'art; le no. II est de Berlioz, le no 1 du Mquis de Sade.

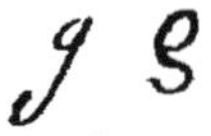

I II

H

L'*H* est très fréquent, mais il n'a de valeur graphologique que comme majuscule.

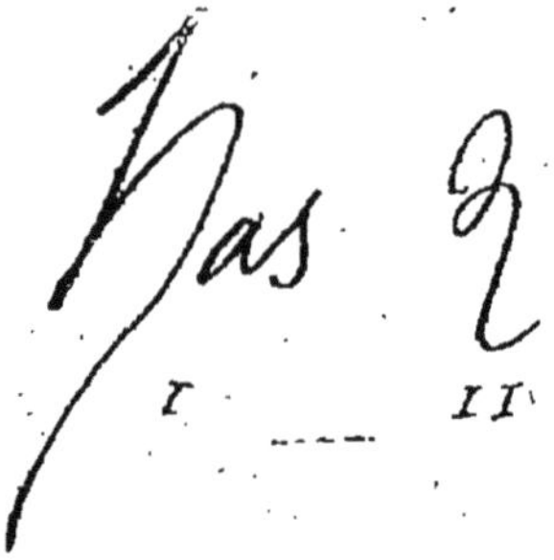

I II

I II

I II

1. Majuscules en forme de minuscule : I. Simplicité, bonhomie (Hase, de l'Institut) ; II. Grâce recherchée (H. Murger).

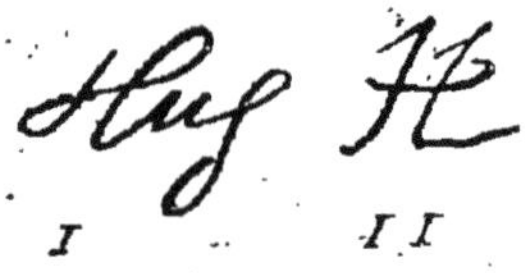

2. Majuscules : I. Simplicité, ténacité (Victor Hugo) ; II. Forme typographique : goût de l'art.

3. Majuscules : I. Hampes rapprochées, gêne morale, timidité (Comte de Chambord) ; II. Majuscule en forme de minuscule : simplicité gracieuse (Henri de Villemessant).

4. Majuscule : I. Forme anormale pour un *H* : fantaisie excessive (Hoffmann); II. *H* panaché avec simplicité par un long trait: imagination vive (Henri Regnault).

I *II*

I

L'*I* comme majuscule n'a presque aucune importance graphologique, sa forme droite ne prête guère à des variantes; comme minuscule, il s'étudie seulement sous le rapport des points (voyez *Points*).

I II

1. Majuscules : I. Forme typographique: sentiment du beau; II. Grâce coquette (E. Bergerat).

J

Le *J* est très fréquent; on l'étudie sous le rapport de la boucle, de la pente, de la poche, ou de sa position vis-à-vis de la la ligne, soit à niveau, soit au dessous; comme minusculé (voyez *Points*).

1. Majuscule, tête en forme de marteau : audace d'attaque (E. Zola).

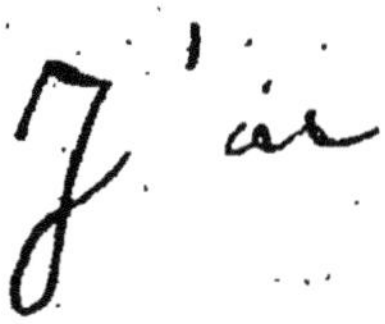

2. Majuscule, simple et gracieuse, à niveau de l'écriture : sentiment de sa valeur (Joseph Autran).

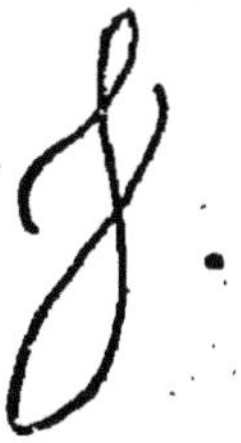

3. Majuscule simple et raide, au-dessous de la ligne : grande humilité (Maréchal Bessières).

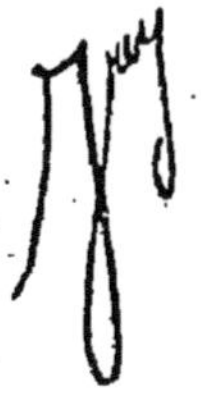

4. Majuscule élégante et fantaisiste, au milieu de la ligne : dignité naturelle.

5. Majuscule banale et insignifiante.

K

Le *K* est rarement employé dans la langue française, ni chez les peuples latins; pourtant il est très expressif dans ses nuances.

1. Majuscule: simplicité et harmonie (Klopstock).

2. Majuscule: imagination, décision (Kosciusko).

3. Majuscule: forme typographique, sens poétique, sentiment du beau; le K possède une boucle surélevée (A. Karr).

4. Majuscule: simple, hardie, en forme de glaive, ou dard (Général Kléber).

I

II

5. Minuscules. I. Fermeté personnelle, bizarrerie inattendue. (Mme Louise Ackerman); II. Force, brutalité, fermeté, violence et simplicité (M. de Bismarck).

L

L'*L* est une lettre très fréquente, et se prêtant surtout, comme majuscule, à beaucoup de nuances qu'il faut détailler.

1. Majuscule : forme typographique : sentiment de l'art, extravagance, exaltation.

2. Majuscule : barre droite : fermeté ; courbe détachée en dessous, imagination, élégance, fatuité.

3. Majuscules. I. Lettre élevée au-dessus de la ligne : grâce ; II. Lettre simple, barre en coup de massue : grande fermeté (L. Pasteur) ; III. Lettre simple et harmonieuse : équilibre ; liaison

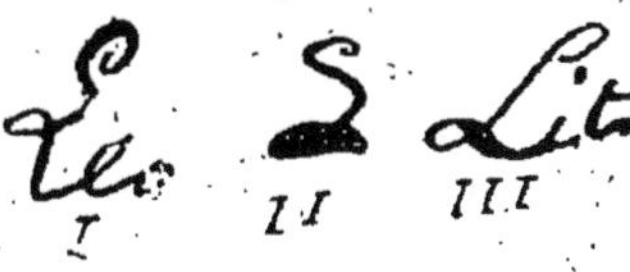

aux lettres suivantes : logique (Littré).

4. Majuscule: grâce affectée.

5. Majuscules : I. Lettre élevée, au-dessus de la igne: grâce; courbe en avant; imagination (M. de Lauzanne); II. Lettre penchée à droite : tendresse, délicatesse (Lamartine).

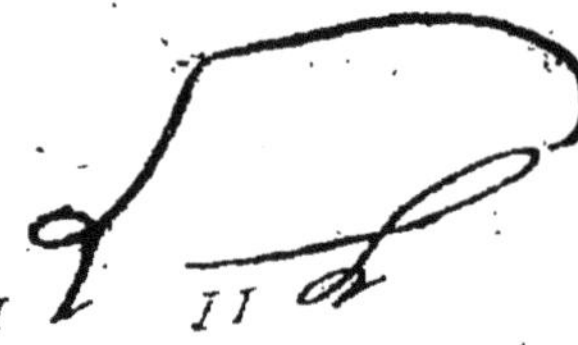

6. Majuscule: courbes allongées en avant et en arrière; souplesse, ténacité; pente à droite : douceur (Duchesse de Parme).

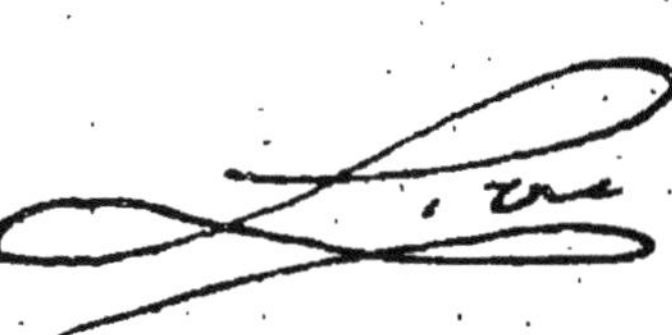

7. Minuscules : I. Lettre à boucle large; douceur, expansion. II. Lettre arrêtée brusquement: fermeté sèche, ardeur, décision.

I II

M

L'*M* est une lettre très fréquente, très significative et très importante, mais seulement comme majuscule; comme minuscule, elle n'a que deux significations.

1. Majuscules : I. Les jambages s'élèvent d'en bas : tendance à se rehausser, à s'anoblir (Madame de Maintenon); II. Majuscule en forme de minuscule : simplicité; jambages égaux : aristocratie innée.

I II

2. Majuscules : I. Premier jambage plus élevé : dignité, orgueil; dernier jambage descendant droit : absence d'égoïsme; II. Forme typographique et factice : sentiment de l'art excentrique.

I II

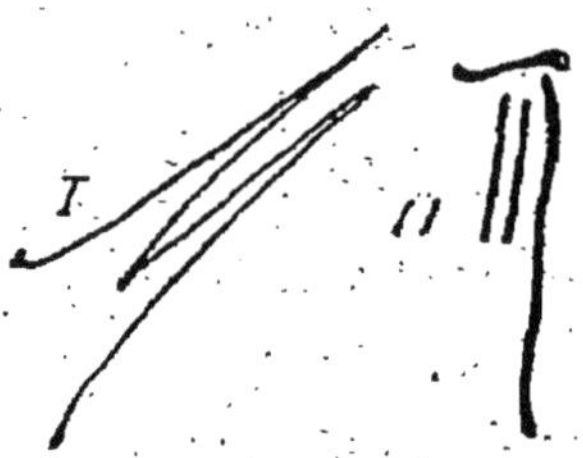

3. Majuscules : I. Forme typographique : sentiment de l'art ; longue barre : ténacité, goûts dépensiers (Magdeline Godard) ; II. Simplicité, ordre, sécheresse ; lettre basse : esprit abstrait (Diderot).

4. Majuscules : I. Deuxième jambage plus haut : vulgarité morale ou physique ; jambages à boucles : vulgarité prétentieuse ; II. Jambages inharmonieux : vulgarité.

5. Majuscule : long trait en arrière, avant le premier jambage : culte du souvenir.

6. Majuscule ornée : imagination ; premier jambage très haut :

sentiments aristocratiques.

7. Majuscule mouvementée : ardeur, fougue; dernier trait pâteux et arrêté court : courage, emportement.

8. Majuscule : jambage du milieu plus long : caractère inégal et inconscient.

9. Majuscule : imagination vulgaire; dernier crochet rentrant disproportionné : fougue, partialité.

10. Majuscules en forme de minuscules : I. Simplicité ; jambages détachés : manque de suite, vivacité (maréchal Canrobert); II. Simplicité, franchise; dernier jambage plus grand, ambitions ca-

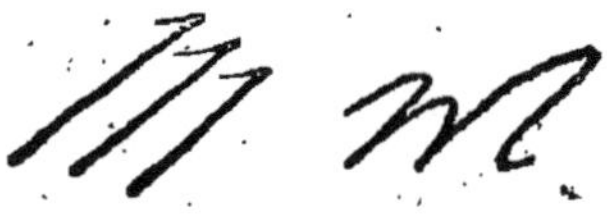

I. II

chées, calme (feld-maréchal de Moltke).

11. Minuscules : I. Lettre détachée : imagination ; II. Lettre ronde et bouclée : douceur, rondeur ; III. Lettre anguleuse : fermeté; en forme d'*u* : expansion.

N

L'*N* est, comme l'*U*, une lettre dont il est impossible de classer et de définir les mille types; en général on peut lui appliquer les mêmes remarques que pour l'*U*, sauf qu'ici le dernier trait est très significatif.

1. Majuscules mouvementées : imagination, ardeur; I. Nature en dehors ; dernier trait montant: hardiesse (Nadar); II. Imagination démesurée ; dernier trait rentrant : amour de l'intimité.

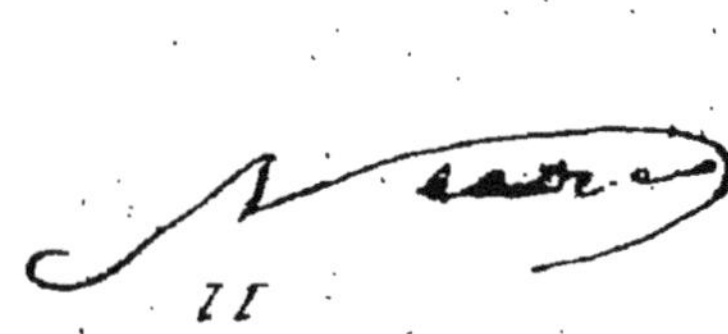

3. Majuscules : I. Incorrection, vulgarité; hampes rapprochées : avarice (le schah de de Perse, Nass-Er-Eddin); II. Fermeté, force; dernier trait horizontal : agressivité (Nelson.)

Majuscules : simples et sans prétention : I. La princesse Clotilde. Majuscule en forme de minuscule : bonhomie (Charles Nodier).

Majuscule : netteté, équilibre (Necker).

O

L'O est peu fréquent comme majuscule; de plus il est peu important, sa forme est rétive aux empreintes personnelles.

1. Majuscule : I. Personnalité : passion, fougue, exaltation (Madame Frédérique O'Connor); II. Lettre formée à rebours : originalité, extravagance.

2. Majuscules : I. Les deux traits rentrant l'un dans l'autre : prudence, réserve.

3. Majuscule : Simplicité : grâce et lucidité : Orfila; II. Lettre ouverte en forme de *v* : expansion, tendresses vives : Frédéric Ozanam.

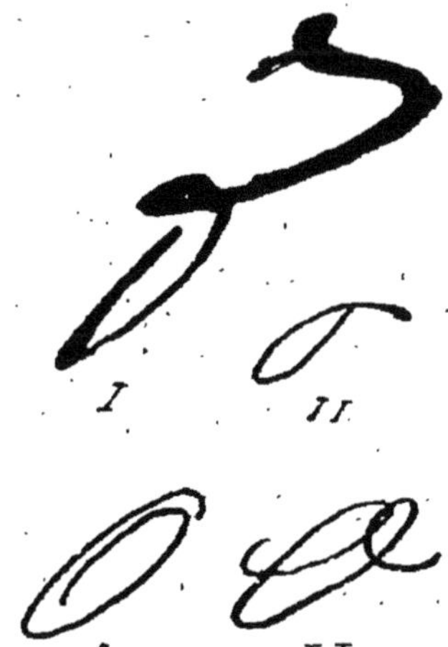

4. Minuscules : I. Ouverte en arrière : hypocrisie ; II. Se liant au mot suivant : logique ; III. Fermée très bas : vulgarité ou faiblesse; IV. Ouverte en haut : expansion ; V. Ouverte en arrière et bouclée en haut : don d'influencer.

I II III

P

Le *P* est très fréquent, et, de plus, très intéressant; c'est, avec *M*, une des lettres les plus pliantes à l'influence du caractère.

1. Majuscule simplifiée: hardiesse, gaucherie : dédain des préjugés (Proudhon).

2. Majuscules : I. Personnalité simple (Joséphin Soulary); II. Simplicité, lettre dressée, persévérance, obéissance aux idées adoptées (Pasteur); III. Originalité primesautière (Maréchal Pélissier).

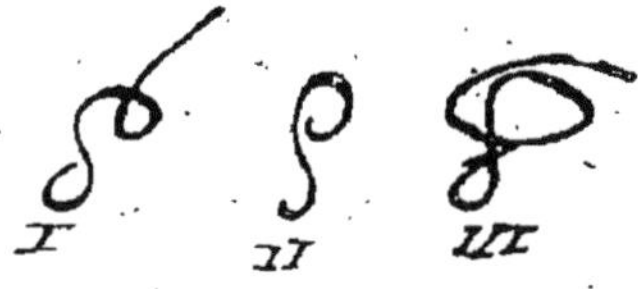

3. Majuscules : I. Sobriété, force; lettre formée à rebours : extravagance (Pouchkine). II. Origi-

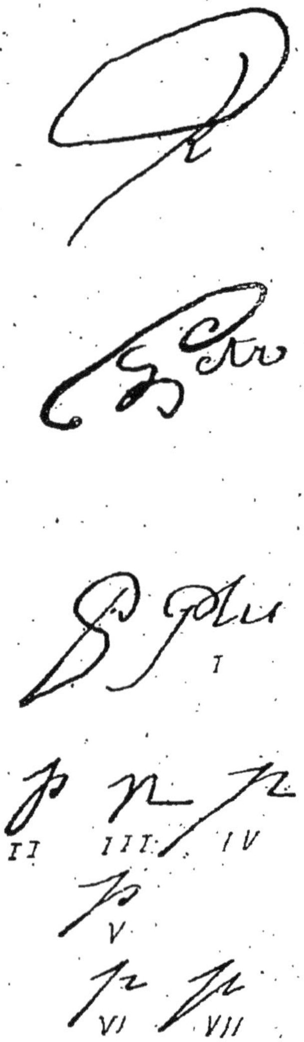

nalité gracieuse (Paër).

4. Majuscule: extrême vivacité ; forme embrouillée, aptitudes diplomatiques. (Pie IX).

5. Majuscule factice et anormale (Petrus Borel).

6. Minuscules : I. Originalité gracieuse (Scarron); II. Barre bouclée : ténacité douce; III. Queue très courte, en forme d'*n*, volonté faible. IV. Barre très longue, vivacité. V. Dernier trait rentrant, discrétion. VI. Lettre faite de deux traits détachés, imagination; VII. Lettre entièrement en pince, culture d'esprit.

Q

Le *Q* est rarement employé comme majuscule; comme minuscule on ne l'étudie que dans sa longueur, ou sa liaison aux lettres suivantes.

1. Majuscules en forme de minuscules : simplicité extrême. I. Lettre formée à rebours : originalité; II. Lettre ouverte : expansion (Michelet).

2. Majuscule : originalité, sans grâce; la lettre descend au-dessous de la ligne d'une façon inharmonieuse : absence de sentiment esthéthique, gaucherie (Quatremère de Quincy).

3. Majuscule en

forme de minuscule : simplicité; lettre faite de deux coups de plume : imagination; longue barre : vivacité ; trait accéntué : passions (Edgard Quinet).

R

L'*R* est peu fréquent, mais, comme majuscule, prête à beaucoup de nuances, et mérite l'attention.

1. Majuscule : I. Lignes embrouillées, esprit tortueux et intrigant; II. Forme typographique : sentiment du beau (Gounod).

2. Majuscules : I. Barre à gauche : vivacité, ténacité, pittoresque (Henri Regnault); II. Lettre simplifiée : absence de préjugés, culture d'esprit (Raspail.)

3. Majuscules : I. Correction et netteté (Louis Reybaud) ; II. Grâce; courbes descendantes : présomption : Rubens.

4. Majuscules : I. Vulgarité d'esprit; forme disgracieuse (Général Rapp); II. Majuscule en forme de minuscule : grande simplicité ; forme anormale : personnalité (Ro). Rosa Bonheur.

5. Majuscule disproportionnée : passion; pente à droite couvrant le mot : penchant à protéger; traits épais : fougue, emportement, fierté, sentiment de sa valeur (Docteur Ricord).

6. Majuscule disproportionnée : lyrysme (Jean-Baptiste Rousseau).

7. Majuscules : I. Dernier crochet rentrant et se retournant en arrière : égoïsme hypocrite (la reine Victoria); II. Lettre confuse : manque de netteté; courbes rondes : franchise et douceur gracieuse (Roger de Beauvoir père).

8. Minuscules : I. La plume est revenue en arrière pour former la tête de la lettre, écriture *retouchée* (très rare), recherche du mieux, philanthropie. — II. En forme de *v*, esprit rétrograde; III. Un point et un trait formant la lettre, grande imagination.

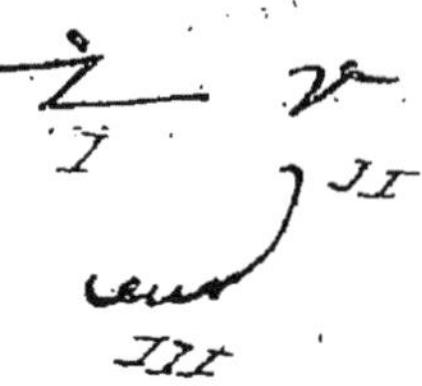

S

L'S peu usitée n'a d'importance que comme majuscule.

1. Majuscule, forme typographique et pittoresque : orignalité, esprit (Scarron).

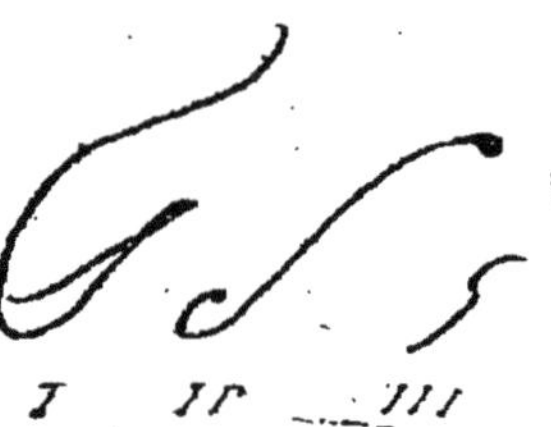

2. Majuscules : I. Crochets s'élevant en arrière : détours subtils ; II. Simplicité banale (E. Scribe) ; III. Lettre simplifiée : culture d'esprit (Jules Simon).

3. Majuscules en forme de minuscules, absence de prétentions ; I. Elégance correcte (Daniel Stern) ; II. Angle et courbe dans la même lettre, fermeté douce (M. Carnot).

4. Minuscules : I. Forme démodée : préjugés ou politesse, originalité ou manies ; II. Tête à boucle : douceur ; III. Lettre anguleuse, fermeté.

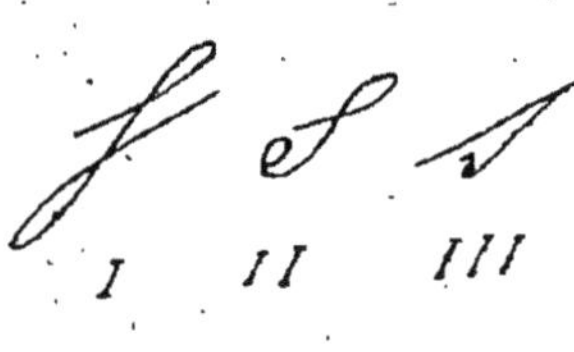

T

Le *T* a peu de valeur comme majuscule, comme minuscule son importance consiste surtout dans les barres.

1. Majuscules : I et II. Vulgarité, absence de culture intellectuelle : Madame Tallien ; III. Majuscule formée d'une minuscule barrée très haut : simplicité, sentiment de sa valeur. (Thackeray).

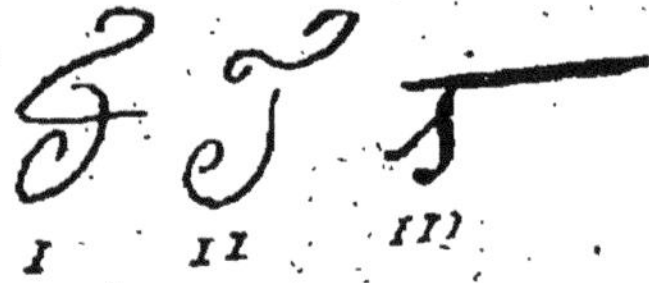

2. Majuscules : I. Lettre penchée, tendresse, rondeur, clarté (Pierre-François Tissot) ; II. Sécheresse, égoïsme.

3. Majuscules simplifiées, culture

d'esprit, absence de préjugés et de façons cérémonieuses ; (I. Carlyle ; II. Ambroise Thomas).

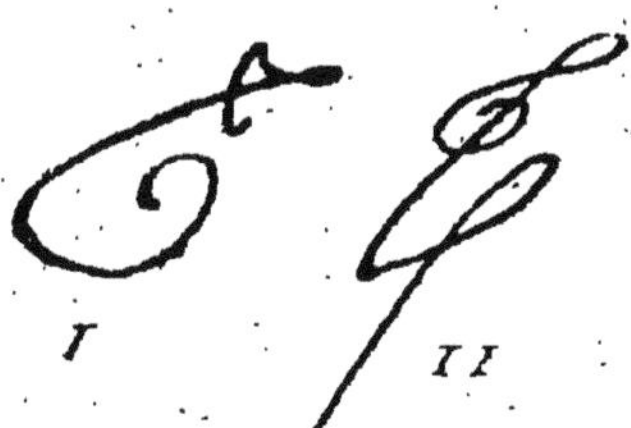

U

L'*U* est rare comme majuscule, comme minuscule il suit des *m* et des *u*.

1. Majuscule, clarté et netteté (Mme M. Ugalde).

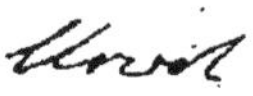

2. Majuscule en forme de minuscule, lettre petite et très bien formée, minutie : (L'amiral Dumont d'Urville).

V W

Le *V* et le *W* sont très rares, mais comme majuscules très expressifs.

1. Majuscule, légèreté simple (Vestris).

2. Majuscule, à détours et à hésitations : hypocrisie (la reine Victoria).

3. Majuscules, la seconde est simplifiée : culture d'esprit (Richard Wagner).

4. Majuscules, vulgarité bourgeoise (L. Veuillot).

5. Majuscule, dernier trait pointu, menaçant : agressivité (Voltaire).

6. Majuscule : Grâce large et pittoresque : Pigalle.

7. Majuscule exagérée : imagination ; lettre surélevée : tendance à l'idéal (Puget).

X

L'*X*, rarement employé comme majuscule, n'a de vraie valeur que comme minuscule.

1. Majuscule : I. Élégance et personnalité; traits fins et épais : délicatesse passionnée (Dr Bichat); II. Originalité; manque de forme décidée : esprit vague et rêveur; traits fins et épais : Xaner Marmot.

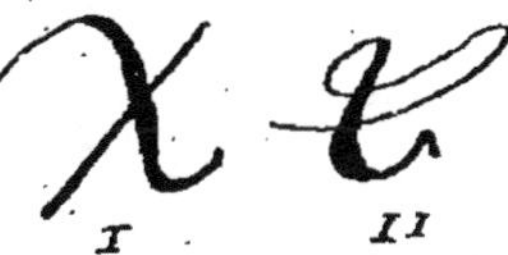

2. Majuscules : petitesse d'idées, simplicité, esprit abstrait : Xavier de Maistre.

3. Minuscules, forme typographique : sentiment de l'art (Robida).

Y

L'*Y* est très rare comme minuscule.

1. Majuscules : Forme typographique : sentiment de l'art ; I. Barre dure : fermeté, passions ; II. Lettre dressée : décision, vigueur (Charles Yriarte) ; III. Majuscule faite d'une minuscule : simplicité extrême (Général Yusuf).

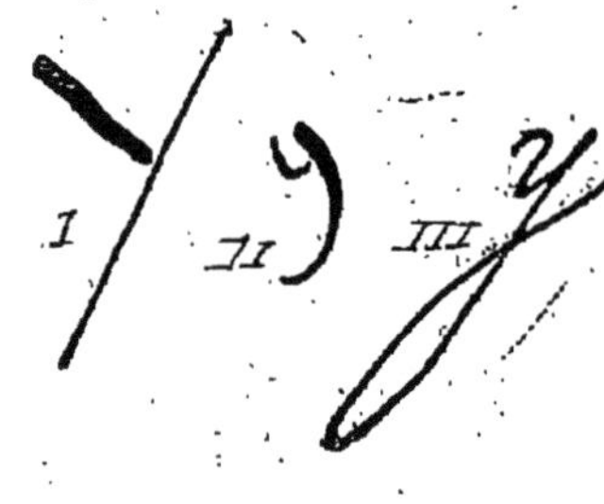

2. Minuscule simplifiée *(ilyt)* : culture d'esprit ; (T. Carlyle.)

Z

Le Z, peu usité comme majuscule, s'étudie surtout comme finale (voir *Finales*).

1. Majuscules : I. Simplicité, petitesse de vues (comtesse du Cayla); II. Forme typographique : sentiments d'art; angles : fermeté.

2. Minuscules (*ouzai*) : grande lettre au milieu d'un mot, très haute : absence d'avarice.

3. Minuscules : I. Lettre contournée et pittoresque : fantaisie (Robida); II (*izai*) courbe en dessous : audace, présomption, confiance en soi.

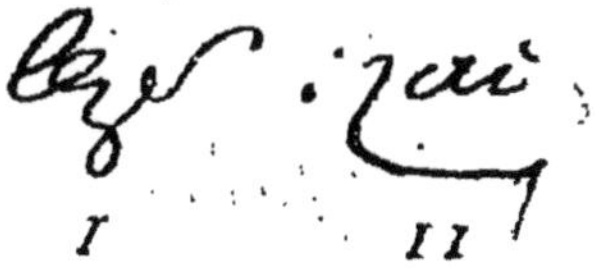

I II

I II

POINTS

Points sur les i.

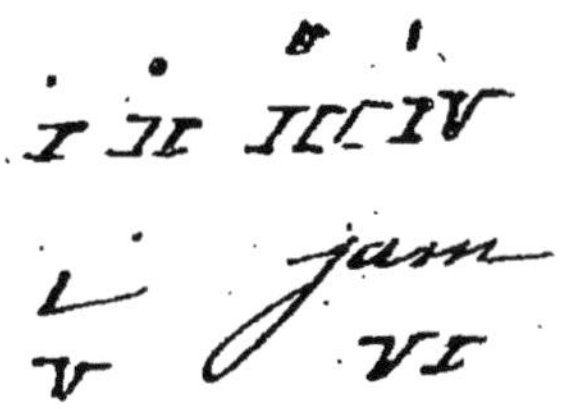

I. Point léger, petit coup de plume : faiblesse, timidité, manque de vigueur. II. Point rond et accentué : fermeté, décisions vite prises. III. Point pâteux, petite tache d'encre : natures passionnées et sensuelles. IV. Point allongé en accent : vivacité, extravagance. V. Point placé plus loin que la lettre : désordre, légèreté d'esprit. VI. Point placé plus loin, puis effacé, et remis à sa place (très rare) : recherche du mieux, empire sur soi.

Point régulièrement placé juste au-dessus de la lettre qui l'exige : esprit attentif, amour de l'ordre.

Point oublié sur les *i* et les *j* : inattention, négligence.

Ponctuation négligée : inattention, parfois fougue, ou grande absence de cérémonie, goût de l'intimité.

Ponctuation soignée : ordre, prudence.

Point après la signature : défiance.

Point placé entre chaque initiale d'une signature, ou entre chaque mot d'une date (J. M. Durand) : prudence ou timidité.

Points d'exclamation.

I. Point d'exclamation très allongé : excitation. II. Point d'exclamation commençant par un trait épais : enthousiasme, réflexion. III. Points d'exclamation légers et nombreux, allant en diminuant : exaltation momentanée, moquerie.

Points d'interrogation.

I. oint d'interrogation forme normale : natures calmes et régulières. II. Point d'interrogation grosse tête, gros point, forme anormale : bizarreries. III. Point d'interrogation tremblotant ou mou : natures hésitantes. IV. Points d'interrogation successifs : entêtement.

Points suspensifs.

I. Points sur une ligne droite et horizontale : natures logiques et suivies.

Points très fréquents entre les phrases : esprit exalté, romanesque, rêveur, imagination débordante.

Points commençants épais et finissants très légers : natures nerveuses et mobiles.

Points suspensifs rares, au plus deux ou trois : natures sobres.

BARRES

Barres sur les t.

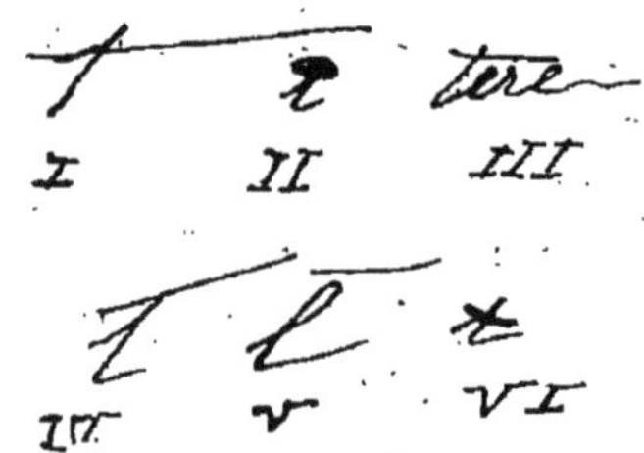

I. Barre très longue et très fine : volonté faible et grande vivacité. Barre fine et courte : indécision. II. Barre courte et carrée : volonté ferme, résolution. III. Barre fine et descendante : tristesse, mollesse. IV. Barre haute, placée à l'extrémité de la lettre : despotivité. V. Barre en l'air ne touchant pas la lettre : despotivité plus accentuée encore ; si en outre la barre est légère, despotivité dans les idées plutôt que dans les faits. VI. Barre placée très bas : humilité, soumission, flatterie.

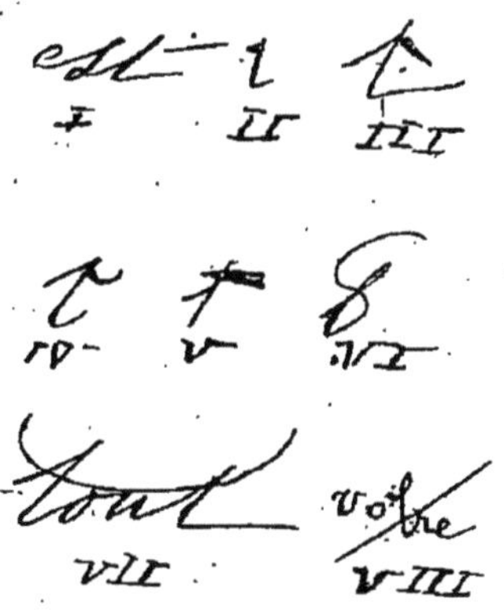

I. Barre en avant : esprit d'initiative. II. Barre en arrière : résolutions tardives, esprit rétrograde. III. Barre descendant de droite à gauche : entêtement. IV. Barre courbe, en accent : moquerie, raillerie, irritabilité. V. Barre en massue : violence, fermeté. VI. Barre en *fusée*, en *coup de fouet*, fantaisie. VII. Barre en courbe : douceur, hésitation. VIII. Barre du haut en bas : esprit taquin, nature fine, souplesse d'arguments, chicane.

Barres barrées en bas à leur base afin de se lier au mot suivant : logique, ténacité. Barre avec crochet au commencement : ténacité passive, force d'inertie. Barre avec crochet à la fin : ténacité journalière. Barre en zigzag : emportement, natures primesautières. Barre régulière, normale sans aucune des nuances plus haut indiquées : natures régulières, équilibrées.

Barre absente là où elle est indispensable, faisant du *t* un *l*.

Barres soulignant un mot.

Barre légère et égale : esprit inattentif ou délicatesse, réserve.

Barre fine au début, et appuyée vers la fin, dite en *massue :* volonté ferme, voulant être écoutée et obéie.

Barre arrondie en courbe, soit descendante, soit montante : légèrete, grâce, enjouement.

Barre tremblotante : timidité, hésitation.

Barre onduleuse, serpentine, souplesse tenace.

Barres à la fin des mots.

Barre fine et légère après le mot et le point : prudence ou vivacité (souvent les deux).

Barre courte ou longue, carrée et dure, un trait sec : défiance complète, résolution tenace.

Barre très fine et très longue ; prudence contre-balancée par une nature spontanée et hardie.

Barre avec crochet ou enjolivures : prétention, fatuité, égoïsme.

Barre placée entre deux phrases : esprit lucide, précautionné, attentif à se défendre.

Barre placée à la fin d'un mot et d'une ligne, soit pour servir de tiret, soit pour remplir la place : prudence acquise.

Barres et soulignements fréquents : exaltation, enthousiasme, manque de sang-froid.

FINALES

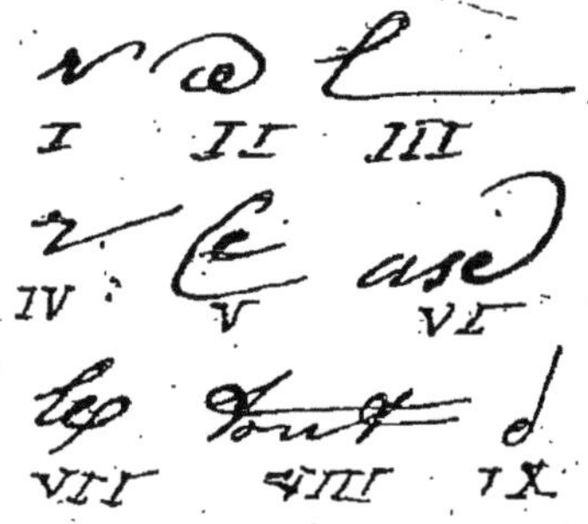

I. Finale en crochet dite : *harpon* : ténacité, amour de la possession, de l'accaparement. II. Finale en crochet revenant à gauche : égoïsme dissimulé. III. Finale en ligne droite longue et fine, entrant parfois dans le mot suivant : équité, impartialité, fermeté, agressivité, sécheresse. IV. Finale en angle : entêtement, dureté. V. Finale d'une lettre, descendant et s'étalant sous le mot : confiance en soi, audace, vanité. VI. Finale en crochet plus haut que le reste de la lettre : partialité, manque de réflexion. VII. Finale à crochet accentué : égoïsme invétéré, vulgarité. VIII. Finale d'une lettre couvrant tout le mot : esprit de protection, orgueil. IX. Finale s'élevant droite (très rare) : amour du merveilleux et goût du mysticisme, tendance à l'idéal.

Finale très courte, avarice.

Finale épaisse : sens, passions.

HAMPES

(Jambages des lettres en dessus et en dessous.)
Les B, D, F, G, H, J, L, P, Q, T, Y, Z.

Hampes entrecroisées d'une ligne à l'autre : imagination vive, agglomération d'idées, réserve, caractère absorbé en lui-même.

Hampes hautes et longues, mais sans se croiser : exaltation, emportement, lyrisme.

Hampes disproportionnées, beaucoup trop grandes pour le reste de l'écriture, natures excessives, allant à l'outrance.

Hampes normales et modérées, esprit équilibré et contenu.

Hampes désordonnées, s'étendant en tous sens dans des formes bizarres, confuses : extravagance, maladies nerveuses (confine à la folie).

Hampes très courtes : manque d'imagination, idées abstraites, ou terre à terre.

MARGES

Marges absentes, manque de goût, sans-gêne, natures qui connaissent la valeur du temps, caractères expansifs, économie.

Marges nettes, goûts raffinés, politesse cérémonieuse.

Marges très larges à gauche : goûts dépensiers.

Marges qui vont en s'élargissant : prodigalité.

Marges larges, à gauche, en haut et en bas, écriture serrée et tassée : apparence de générosité, gaspillage et pingrerie.

PARAPHES

Paraphe en *ligne droite :* esprit de lutte, décisions promptes.

Voir aussi p. 73, fig. 67.

Paraphe en *boucle :* lutteur, mais lutteur plus moral qu'apparent ; quand ce paraphe est terminé comme celui du comte de Chambord par un crochet, c'est le lutteur qui rapporte volontiers toute lutte à lui, mais bien décidé à ne pas lâcher pied.

Voir aussi p. 63, fig. 56; p. 85, fig. 79; p. 165, fig. 175.

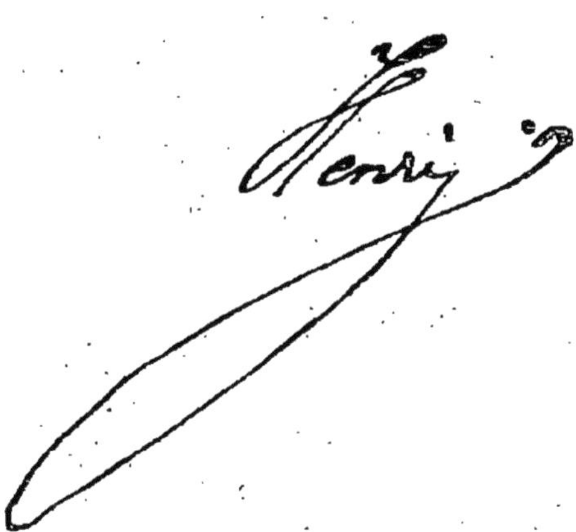

Paraphe en *éclair*, dit *fulgurant* : esprit de lutte, en plus esprit passionné, ardent.

Voir aussi p. 3, fig. 2.

Paraphe en *glaive*, dit en *yatagan*, long trait descendant, recourbé parfois à la pointe : esprit rapide, décidé, revenant sans cesse sur la brèche.

Voir aussi p. 3, fig. 2 ; p. 39, fig. 32 ; p. 60, fig. 52, 53 ; p. 96, fig. 92 ; p. 84, fig. 78 ; ce dernier est le vrai paraphe en *yatagan*.

Léon Gambetta

le 21 juillet 1870

Paraphe servant parfois de *trait à barrer* une lettre, mais en tout cas surmontant la signature : natures réservées, souvent égoïstes ; quand il est comme dans l'exemple de Blanqui (l'économiste) en angle, caractère agressif du paraphe qui s'avance à droite.

Voir aussi p. 90, fig. 87.

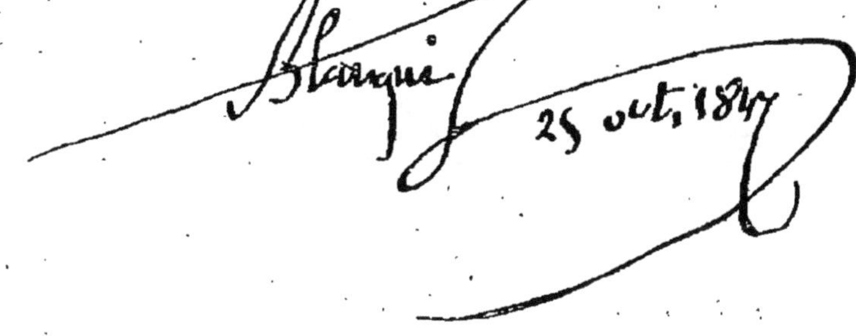

Paraphe en *gueule de loup* : amour de la famille, de la coterie, esprit de parti très accusé.

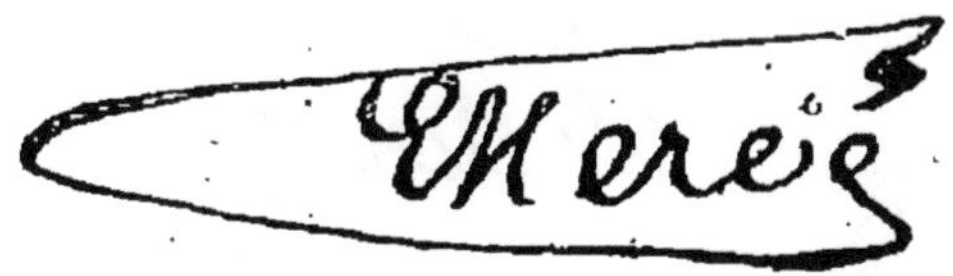

Paraphe-*dessin* (rare) : amour du beau, sentiment de l'art.

Voir aussi p. 105, fig. 106 ; p. 137, fig. 146.

Paraphes *ondulants* : caractères portés à saisir le côté humoristique de la vie.

Paraphe *ondulant* : volonté souple.

Paraphe *enlacé*, formé de plusieurs ondulations : esprit de l'intrigue, de la défiance ; quand il est disgracieux : esprit vulgaire et bas.

Voir aussi p. 10, fig. 8 ; p. 114, fig. 116.

Paraphe en toile d'araignée, dit *arachnéide*, lignes embrouillées et enchevêtrées : subtilité en affaires, sens commercial, caractère tortueux.

Paraphe en *colimaçon*, entourant le nom tout entier, mis en long ou en large : égoïsme, exclusivisme, instincts de la vie patriarcale, réserve.

Voir aussi p. 161, fig. 171.

Paraphe composé d'une boucle, puis de divers festons plus ou moins gracieux : esprit souple, entortillant, vivacité, grande imagination, natures pleines d'initiative.

P. 47, fig. 38; p. 50, fig. 40.

Paraphe formé d'un point signifie : prudence, réserve, discrétion et tact.

Voir p. 57, fig. 48.

Paraphe en *escalier*, formé d'une sorte d'exhaussement ou piédestal : activité d'esprit, génie créateur.

Voir p. 62, fig. 55.

Paraphe en *massue* : fermeté, dureté et despotivité.

Voir p. 68, fig. 60; p. 117, fig. 119.

Paraphe en *épée*, affilé : caractère agressif et hardi.

Voir p. 71, fig. 64.

Les paraphes de Napoléon Ier.

14.

Paraphe soulignant un simple trait plus ou moins appuyé : esprit de suite, netteté d'idées.

Voir p. 110, fig. 111 ; p. 30, fig. 23 ; p. 60, fig. 51 ; p. 64, fig. 57.

Paraphe franc-maçonnique, orné de trois points.

Voir p. 118, fig. 120.

Paraphe en *hameçon* ou croc, longue ligne faisant un retour en crochet : égoïsme et personnalité vive.

Voir p. 5, fig. 4 ; p. 32, fig. 26 ; p. 54, fig. 45.

Les paraphes de Napoléon Ier :

I. *Bonaparte ;* ce paraphe date de 1793. Ecriture montante : ambition ; boucle : ténacité et agressivité.

II. *BB ;* soulignement en barre, en massue plutôt (13 fructidor an IV).

III. *Napoléon ;* paraphe placé au bas de la proclamation faite après Austerlitz (1805) : signature montante et bouclée, ambition et agressivité.

IV. *Nap.* : signature donnée après Moscou (12 Septembre 1821), horizontale mais indécise.

V. *N.* En pleine retraite de Russie (octobre 1821) : la main descend et remonte, lutte intérieure.

VI. *N.* Paraphe pris sur un document signé à Erfurt, après Leipzig (1813) : colère, rage ; le conquérant menace encore.

VII. Signature donnée à Fontainebleau (1814) : la chute commence.

VIII. Paraphe de Sainte-Hélène.

MODÈLE DE PORTRAIT GRAPHOLOGIQUE

Signes généraux.

Ecriture penchée.	Sensibilité vive.
» liée.	Esprit de réflexion. Logique. Esprit de critique et d'observation. Moquerie.
Ecriture anguleuse.	Fermeté. Entêtement.
» simple.	Naturel. Loyauté. Amour du vrai.
» surélevée.	Sentiment de sa supériorité. Orgueil. Aspiration à l'idéal.
» rapide.	Fougue. Élan.
» sèche.	Nature immatérielle.
» pâteuse	Sensualisme et passions.

Signes particuliers.

Majuscule simplifiée (l'*R* de *roi* et l'S de *siècle.*)	Culture d'esprit. Dédain des préjugés. Aversion de l'étiquette.

Puisse le Ciel me garder de mes amis !.. je me garderai de mes ennemis !...

.... On disait jadis "Heureux comme un Roi .... (En voilà une phrase démodée au XIXème siècle !..)

Majuscule bizarre faite d'enroulements courbes (le *P* de *Puisse*).	Amour du pittoresque. Sens artistique. Extravagance douce et inoffensive.
Majuscule en forme de minuscule (l'*S* de *siècle*).	Absence de petitesses, de prétention, de mesquinerie. Philosophie pratique.
Majuscule s'étendant à droite pour ombrager le mot, le P de *Puisse*.	Sens de la protection. Pitié. Déférence aux humbles.
ajuscules reliées au mot suivant (le *C*, l'*O*, l'*H*, l'*E*, l'*R*, l'*S*).	Absence d'égoïsme. Développement des idées avec une ténacité méditative.
Lignes nettes et espacées.	Fermeté. Lucidité.
Lignes ondulantes (la cinquième).	Mélancolie. Alternatives de courage et d'abattement.
Mots de hauteur égale jusqu'à la fin.	Loyauté. Franchise. Absence de caprice et de versatilité. Dédain de la flatterie et de la bassesse.
Mots espacés, grands alinéas, écriture large et non serrée.	Goûts de dépense. Amour du confortable. Générosité.
Mot final d'une ligne descendant à droite en bas (*garderais*).	Économie imposée.
Lettres illisibles malgré leur grandeur et leur apparente netteté (l'S de *siècle*, le *v* de *voilà*).	Réserve voulue. Don du silence. Sens diplomatique très fin. Caractère rancunier.
Lettres liées, mots écrits jusqu'à la fin d'un seul trait.	Cerveau plus assimilateur que créateur. Plus de ré-

	flexions que d'inspirations. Absence d'utopies.
Finales diverses.	Caractère complexe, nuancé.
Finales en pointe.	Agressivité. Résistance de défense.
Finales longues et montantes. (*Ciel*).	Goûts de la dépense.
Finales en harpon et croc	Ténacité.
Finales absentes (à *du*, *je*, *Ou*, *en*, *En*, *une*, *démodée*).	Économie.
Finales en massue (à *phrase*).	Dureté.
Jambages incomplets (dé*n*odée pour dé*m*odée).	Distraction.
Chiffres romains forme typographique.	Sentiment de l'art.
S minuscules grêles, *R* majuscule grêle (écriture sèche).	Dégoût du matérialisme vulgaire.
I minuscule avec un point.	Caractère poli. Goûts soigneux.
Accents absents.	Distraction vive. Sans-gêne.
Parenthèse superflue.	Caractère prudent.
Points suspensifs fréquents.	Caractère romanesque, exalté, chimérique. Amour de l'imprévu.
Points sur les *i* placés au delà de l'*i*.	Vivacité. Colère. Fougue.

Points d'exclamation légers.	Exaltation et moquerie.
Barre des *t* ondulante.	Esprit porté à saisir le côté comique et humoristique.
P minuscule en pince ouverte (le *p* de *phrase*).	Culture d'esprit.
R minuscule retouché (la tête de l'*r* est ajoutée après coup, l'*r* de *garderais* et l'*r* de *phrase*).	Recherche du mieux. Philanthropie.
D minuscules pâteux (le *d* de *garderais* et de *démodée*).	Sensualisme délicat; sens raffinés, goût, ouïe ou odorat.
Hampes et queues courtes.	Clarté. Esprit de classification.
Guillemets ouverts et non fermés.	Distraction.
Parenthèses courbes.	Grâce morale.
U minuscules en forme de *N*.	Bienveillance.

RÉSUMÉ DU MODÈLE DE PORTRAIT GRAPHOLOGIQUE

Esprit intelligent, net, lucide, logique, pénétrant, sens du beau, amour de l'art et du vrai, esprit de suite, cerveau plus déductif qu'intuitif, plus aussi imitateur que créateur. Les qualités sont contrebalancées par la passion, l'emportement, l'entêtement, la colère, et surtout par un orgueil démesuré et un sentiment ainsi qu'un culte, outré, de sa valeur (naissance ou talent). Point d'égoïsme, point de mesquinerie. Simplicité, affabilité, pitié des humbles. Grande sensibilité fine et caressante, organisation équilibrée entre la sécheresse et le sensualisme ; gourmandise, désordre et distraction, mais propreté et goûts soigneux. Économe par volonté, nature dépensière. Affections et haines tenaces. Rancunes.

Lutteur acharné, retombant et se relevant, énergie et mélancolie; la tête et le cœur commandent à la fois : se contrebalançant l'un l'autre.

Absence de préjugés et de formules, sans-gêne de l'orgueil ; générosité.

Gaieté un peu amère, observation puissante. Mouvements rapides. Maintien simple et élégant mais un peu sec.

Prudence, réserve, discrétion, épanchements motivés, confidents choisis. Caractère plutôt viril que féminin.

TABLE ALPHABÉTIQUE

DES

PRINCIPAUX SIGNES GRAPHOLOGIQUES

C'est volontairement qu'il a été omis dans cette table alphabétique plus d'une nuance : Le plan ne renferme que les *principaux* signes. Comme son titre l'indique, la *Graphologie Simplifiée* est un système élémentaire, primaire en un mot. Le but a été, non d'y diviser les mille et une nuances d'une écriture, mais d'en fixer les grandes lignes afin de classer nettement dans la mémoire d'un profane, les groupes où il faut parquer chaque genre pour en tracer les signes, et par là en définir le caractère. Ces motifs ont fait réunir en une seule expression capitale ou générale tout ce qui s'y rattache. Ainsi, ivrognerie, ironie, raillerie, tracasserie, querelle, critique, brouilles, dédain, aigreur, dérision, pointillerie, sont renvoyés au terme collectif de *malveillance*, d'où proviennent ces manifestations et toutes celles qui s'y rattachent. De même à *Art* (sentiment de l'art, sentiment du beau) se rattachent la peinture, la musique, les lettres, prose ou poésie, l'architecture, etc., etc. *Sensibilité* renferme la charité, le dévouement, la pitié, la philanthropie, l'amour, l'amitié, etc., etc.

Ce n'est que lorsque les principaux signes sont saisis par le débutant, qu'il pourra, jour par jour, en s'aidant des détails qui viendront s'offrir d'eux-mêmes, subdiviser et préciser les sentiments ou les aptitudes ; voilà donc pourquoi la Table alphabétique, comme toute la *Graphologie Simplifiée*, a été sobrement conçue, afin de vulgariser le goût de la Graphologie par une étude facile, et d'en affirmer la sincérité en mettant tous à même de s'en assurer rapidement par une assimilation prompte.

Amabilité. Ecriture penchée. Courbes. Absence de panaches et d'enjolivements. Lettres ouvertes, peu de barres en massue.

Ambition. Lignes montantes. Mots montants au-dessus de la ligne. Signature en biais partant de bas en haut. (Voir *Ecriture grimpante*.)

Amitié (sentiment de l'.) Mêmes signes que pour la sensibilité. (Voyez à *Sensibilité*.)

Amour. (Voir à *Sensibilité*.)

Angles. Signe de la fermeté, raideur, entêtement, ténacité, rudesse, inflexibilité, suivant l'accusation plus ou moins accentuée de l'angle, et la compensation plus ou moins grande des courbes.

Ardeur, entrain. (Voyez à *Activité, Vivacité*.)

Aristocratie, sentiments aristocratiques. Ecriture distinguée, élégante, finement penchée. *M* majuscule dont le premier jambage est plus haut que le reste.

Art (sentiment et don de l') Majuscules adoptant la forme typographique. Formes élégantes. Formes harmonieuses. Simplicité élégante; voir les écritures de Hérédia, Coppée, Victor Hugo, Raphaël, E. Millet, E. Zola.

Artifice. (Voyez *Dissimulation*.)

Aristocratiques (gouts). Ecriture où l'on rencontre des lettres, principalement les majuscules, hautes, les premières hampes des *M*, des *N*, surtout, formes élégantes et fières.

Audace. (Voyez *Hardiesse*.)

Avarice. Ecriture serrée, tassée, hampes et jambages rapprochés. Finales courtes. Lettres basses. Absence de marges, d'alinéas, de blancs. Pas d'espace entre les lignes. Pas de barres, peu de soulignement. (Voyez page 154, fig. 163, 164.)

Barres. On appelle barres les traits qui servent à barrer les T, les F, les H majuscules, ainsi que les *t* minuscules; ou à souligner certaines signatures, ou une adresse. L'abus des barres sur une enveloppe indique l'extrême prudence. (Voyez à *Barres, Alphabet graphologique. Deuxième partie.*)

BEAU (SENTIMENT DU). (Voyez à *Art.*)

BASSESSE. Ecritures vulgaires, gauches et couchées, souvent pâteuses et aplaties comme celle du marquis de Maubreuil. (Voir *Ecriture pâteuse*, pag. 116, fig. 118.)

BÊTISE. (Voir à *Vulgarité.*)

BIENVEILLANCE. Ecriture penchée. Courbes. Les *u* ont souvent la forme des *n*. Absence d'angles et de massues.

BIZARRERIE. Lettres aux formes contournées, étranges, ou incompréhensibles, parfois spontanées, parfois recherchées. (Voir pour les détails et les nuances *Ecriture artificielle*, page 6, fig. 7, 8, 9.)

BONHOMIE. Les mêmes signes que simplicité. (Voir à *Simplicité.*) De plus, minuscules à la place de majuscules, même dans les signatures. (Voir pag. 161, fig. 170, 171.)

BONTÉ. Ecriture penchée, signe d'affection. Peu d'angles. Lettres arrondies vers le bas. Courbes fréquentes. Lettres peu rapprochées, absence des signes de l'avarice.

BOURGEOISISME. Écritures banales ou correctes, mais sans aucun cachet personnel, ni art, ni grâce, ni élégance, ni pittoresque, ni orgueil : souvent serrées et prétentieuses.

BRAVOURE. (Voir à *Hardiesse* et à *Ecriture hardie.*)

BROUILLE. Caractères brouillons. Les mêmes signes que pour la malveillance. (Voir à *Malveillance.*) En plus, souvent les lignes sont très rapprochées, et les lettres s'entre-croisent d'une ligne à l'autre ; les caractères brouillons émanent parfois, si ce n'est d'esprits pervers, du moins d'esprits confus.

BRUTALITÉ. Les mêmes signes que pour la Fermeté (voyez à *Fermeté*), mais portés à l'outrance. (Voir aux *Paraphes* les signatures de Napoléon Ier; voir l'écriture de M. de Bismarck, celle de Proudhon.)

CALME. Lettres aux formes sobres, simples et régulières, d'égale hauteur, majuscules et minuscules sans ornements ou enjolivures. Peu de points d'exclamation,

15.

jambages d'une même lettre, d'un *m*, d'un *n*, sont autant de bâtons détachés. Plus ce signe est accentué, plus le cerveau est créateur; natures instructives se guidant par l'impulsion et non par la réflexion. Ecriture des idéalistes, des imaginatifs, des rêveurs, des utopistes.

CRITIQUE (SENS ET ESPRIT). Ecriture liée: parfois même, comme chez Robida, Cruishank, plusieurs mots sont liés ensemble: c'est la nuance de la moquerie. Parfois renferme un grand sentiment du beau, comme chez E. Bergerat, Barbey d'Aurevilly, H. Berlioz, mais ceux-là ne sont pas des vrais critiques de sang-froid comme Jules Lemaître. (Voir à ces noms.)

CRUAUTÉ. Ecritures épaisses et pâteuses. (Voir à *Ecriture pâteuse*, page 111, les fig. 113, 114, 115, 116; voir à *Despotivité*.)

CROC. Terme employé en graphologie pour le trait final recourbé sur lui-même en forme de croc: signifie ténacité, avarice, ruse.

CROCHET. (Voir à *Croc*.)

DÉCOURAGEMENT. (Voir à *Tristesse*.)

DÉDAIN. (Voyez *Mépris*.)

DÉDUCTIVITÉ. (Ce terme, dont on a fait souvent un abus en graphologie, et qui signifie la conséquence d'un raisonnement et le développement d'une idée, a été choisi pour y classer l'écriture des esprits réfléchis, logiques, analystes et critiques — ce qui vulgairement se nomme *Esprit de suite*.) Lettres liées les unes aux autres ne formant qu'une seule ligne; une écriture est d'autant plus déductive qu'elle présente plus de liaisons; de même qu'elle est d'autant plus « intuitive » qu'elle est djautant plus détachée (Voir à *Intuitisme*). Le juste milieu entre l'un et l'autre extrême, donne les écritures équilibrées. (Voir à *Equilibre*.)

DÉFIANCE DE SOI-MÊME. Lignes descendantes. (Voyez *Tristesse*.)

DÉFIANCE. Petite barre à la fin des seuls mots placés à la fin d'une ligne. Quand cette barre se retrouve ailleurs, ce n'est plus le signe de la défiance; mais quand dans une écriture où les finales sont courtes, l'on trouve cette barre à la fin du dernier mot de chaque ligne, elle indique les natures ultra-prudentes et ombrageuses, toujours sur leurs gardes. Points après la signature ou après les différentes lignes et différents détails d'une enveloppe. Abus des parenthèses.

Dégradation. (Voyez à *Bassesse.*)

Déguisement. (Voyez à *Dissimulation.*)

Délicatesse. En général les mêmes signes que pour la sensibilité, la chasteté, *Écriture penchée* et *Écriture sèche.* (Voir à ces mots.) Ecriture penchée, légère, peu appuyée, aérienne; majuscules simples et gracieuses.

Délicatesse d'esprit. Formes gracieuses et harmonieuses, légères et amusantes ou simples. (Voir page 94, fig. 59.)

Dépense, dépensiers. Grandes marges. Larges espaces de papier laissés en blanc. Lignes espacées, lettres séparées les unes des autres, mots distants les uns des autres. Longues finales, écriture lâchée. *M* majuscule dont la première branche est plus longue que toutes les autres. Peu de mots dans une ligne, lignes très courtes. (Voir à *Ecriture espacée*, page 45, les fig. 37, 38, 39; à la page 160, fig. 160, *Ecriture fastueuse.*)

Désespoir. (Voyez *Tristesse*, mais ici les lignes ne sont pas hésitantes entre le courage et l'abattement, elles sont nettement descendantes; page 120. Sur les registres de la Compagnie transatlantique, la plupart des signatures des émigrants sont descendantes. Voyez *Suicide.*)

Désintéressement. (Voir à *Dépense.*)

Despote, despotivité. Ecriture anguleuse. Barres des *t* minuscules très hautes; parfois même au-dessus de la lettre, sans toucher la hampe, en quelque sorte un *l* surmonté d'un trait.

Barre longue, despotisme accentué.

Barre longue et terminée finement, despotisme caché et dureté.

DOMINATION. (Voir à *Despote.*)

DOUCEUR. Les mêmes signes que pour *Sensibilité.* (Voyez à ce mot), mais abondance de courbes ; la courbe est le vrai signe de la douceur. (Voir page 142, fig. 152, 153.)

DROITE OU RENVERSÉE (ECRITURE). C'est habituellement une seconde manière d'écrire ; tâcher d'obtenir l'ancienne écriture, ou des cahiers d'enfant, et faire la déduction entre l'une et l'autre, l'origine et la factisation.

DROITURE. Lettres, mots et lignes nettes et régulières simples et correctes. (Voir à *Loyauté.*)

ECRITURES NATIONALES. Chaque race possède une écriture sans que l'on puisse renfermer spécialement chaque individu d'une même race dans un moule unique ; ceci n'est qu'une appréciation générale à développer. . .

ALLEMANDE (ÉCRITURE). Ecriture confuse, embrouillée. Souvent gracieuse et poétique.

ANGLAISE (ÉCRITURE). Ecriture finement anguleuse et orgueilleuse.

ESPAGNOLE (ÉCRITURE). Ecriture simple et ferme.

FRANÇAISE (ÉCRITURE). Très diverse, mais habituellement douce et recherchée.

ECONOMIE. Les mêmes signes que pour l'avarice, mais moins accusés. (Voyez à *Avarice.*) Les signes personnels de l'économie qui n'atteint pas le degré de la parcimonie se rencontrent souvent dans une écriture large et espacée qui tient toute la ligne, et dont les mots de la fin de la ligne descendent pour économiser la plus petite place.

EGOISME. Lettres majuscules et minuscules terminées sans nécessité par des crochets rentrants ; ce signe se trouvant soit au commencement, soit au milieu, soit, plus souvent, à la fin d'un mot.

ELAN. Les mêmes traits que pour le courage et la fermeté (voir à ces mots) ; en outre grands traits, soit comme dans l'*Ecriture hardie* page 72, fig. 67, soit comme dans l'*Ecriture surélevée*, page 165, fig. 176, 178, 181, 183.

ÉLÉVATION. (Voir à *Dignité.*)

EMPORTEMENT. (Voir à *Colère.*)

Hésitation. (Voir à *Timidité.*)
Honneur. (Voyez à *Dignité.*)
Hypocrisie. (Voyez à *Ruse* et à *Fausse franchise.*)

Idéalisme. Ecriture surélevée, majuscules disproportionnées pour le reste des lettres. (Voyez page 164, fig. 182, 183.) Lettres détachées. (Voir *Création.*)
Imagination. (Voyez *Création.*).
Imbécillité. Formes de lettres disgracieuses, vulgaires, sans harmonie. (Voir page 175, fig. 187.).
Impénétrabilité. (Voyez à *Dissimulation, Fausse franchise, Ruse* et *Ecriture illisible.*)
Indécision. Mêmes signes que pour la faiblesse. (Voyez à *Faiblesse, Gêne, Timidité.*) Mots dont les lettres sont formées de différentes écritures.
Indépendance. (Voyez à *Fermeté.*)
Indulgence. (Voyez à *Bonté.*)
Industrie. (Voyez à *Commerce.*)
Inégalité. Ecriture de hauteurs différentes, dont le bas et le haut des mots semblent festonner; lignes montant ou descendant par sauts brusques. Majuscules à la place de minuscules, et *vice versâ.* Lignes très rapprochées. Mots penchés et mots redressés. Absence ou manque de ponctuation.
Inflexibilité. (Voyez à *Dureté* et *Fermeté.*)
Intrépidité. (Voyez à *Courage.*)
Intrigue (Voyez à *Diplomatie, Fausse franchise, Ruse.*)
Intuitive. Terme graphologique signifiant les personnes et les cerveaux qui agissent spontanément par création et par instinct, plutôt que par réflexion et logique, qu'on nomme souvent en graphologie : déductifs. Lettres sobres, un peu redressées, un peu simplifiées et séparées les unes des autres. (Voir à *Création.*)
Irrésolution. (Voyez à *Timidité.*)
Ivrognerie. Les mêmes signes que pour la sensualité. (Voyez à *Sensualité* et à *Ecriture pâteuse,* pag. 120, fig. 123.)

caractère agressif; si au contraire il y a des crochets rentrants : égoïsme, sécheresse, susceptibilité.

MARGES. Marges très grandes : goûts dépensiers. Marges petites : caractères polis, méticuleux, ordonnés. Marges absentes : sans gêne.

MATHÉMATICIENS. (Voir *Sciences.*)

MÉFIANCE. (Voyez à *Défiance.*)

MÉLANCOLIE. (Voir à *Tristesse.*)

MENSONGE. (Voyez à *Dissimulation, Fausse franchise* et à *Ecriture illisible.*)

MÉPRIS. Il n'existe pas encore de signes bien définis du dédain et du mépris, qui ne sont ni l'orgueil ni la vanité ; on peut plutôt les rattacher aux signes de la Malveillance. (Voyez *Malveillance.*)

MESQUINERIE. (Voir à *Avarice.*) Les remarques s'appliquant à la mesquinerie s'appliquent également à la ladrerie; en outre, le papier employé est ou sale, ou rogné, ou provenant de sacs chiffonnés, dos d'enveloppes, bandes de journal, etc., etc.

MODESTIE. Ecriture rigoureusement simple, sobre et calme. Absence d'ornements et de panaches. Lettres plutôt basses que hautes.

MOQUERIE. Les signes de la moquerie se rapprochent des signes de l'esprit de critique (Voyez à *Critique.*) c'est-à-dire des angles, barres longues, et des signes de l'observation; voir page 99, fig. 93.

MOTS GROSSISSANTS. On appelle de ce terme, en graphologie, les mots plus grands vers le commencement : extrême franchise, extrême loyauté.

MUSIQUE. (Voyez *Art, Sentiment de l'art.*)

NATUREL. (Voyez à *Simplicité.*)

NETTETÉ D'ESPRIT. (Voyez à *Lucidité.*)

NÉGLIGENCE. (Voyez *Désordre* et *Paresse.*)

OBSERVATION. En général on donne comme signe de l'observation l'écriture petite, à mots diminuants sur la fin, à lignes et mots espacés. On peut ajouter à ces signes celui-ci : que les lettres sont liées, et que souvent les mots se tiennent entre eux. (Voir page 99, fig. 98.)

OBSTINATION. (Voyez *Fermeté.*)

OSTENTATION. (Voyez *Dépense.*)

ORDRE. Ecriture régulière, de hauteur égale, formes proportionnées. Grand soin des moindres détails d'orthographe et de ponctuation.

ORIGINALITÉ. (Voir à *Bizarrerie.*)

PARADOXE. Ecriture détachée à l'extrême, nature de rêveurs, d'utopistes ; écritures de Jean Journet, Michelet.

PARCIMONIE. (Voyez *Avarice* et *Economie.*)

PARENTHÈSES. L'abus des parenthèses indique la prudence, presque la défiance ; souvent elles sont courtes ou longues, pleines ou sèches, gracieuses ou laides, elles suivent les règles communes à ces détails en graphologie.

PARESSE. Absence d'angles, de traits fermes. Lignes irrégulières ; lettres de hauteurs inégales ; profusion de courbes plutôt ondulantes que bien courbées ; ponctuation négligée, accents à peine indiqués, points très légers.

PASSIONS. (Il faut en graphologie, surtout pour ceux qui commencent à étudier cette science, classer dans le terme de *passion* tout excès moral ou physique : l'amour, la haine, la gourmandise ou le libertinage sont des passions, aussi bien que l'orgueil, le crime et la folie.) Ecriture où il y a abondance de signes graphologiques ; excès, abondance de signes appuyant et développant une classification. Par exemple l'écriture de Proudhon, pag. 109, fig. 110, où il y a un excès de fermeté dans *rien* et dans l'*s* de martyrs, indique un passionné tout aussi bien que l'écriture de Borgès, page 129, fig. 137, où il y a un excès d'imagination et de vivacité dans les majuscules. Le *P* gigantesque de *Paris*, page 170, fig. 181 est tout aussi passionné que *L* de *Léon Gambetta*, page 36, fig. 29. Il ne faut donc au premier aspect saisir que l'ensemble du caractère passionné d'une écriture par son intensité ; ensuite viennent les détails qui nous guident peu à peu sur la trace de ces passions.

PEINTURE. (Voyez *Art.*)

PÉNÉTRATION. (Voyez à *Netteté, Lucidité.*)

PENSÉE, PENSEUR. La pensée est suivant que l'écriture est détachée, équilibrée ou liée. (Voir à *Détachée, Equilibrée* et *Liée*, ainsi qu'à *Déductivité, Intuitivité* et *Equilibre*)

PERFIDIE. Les signes réunis de la ruse, de l'égoïsme et de la bassesse. (Voyez à *Egoïsme, Bassesse* et *Ruse.*)

PERSÉVÉRANCE. (Voyez à *Fermeté* et *Ténacité.*)

PERSONNALITÉ. Les signes de l'égoïsme (voyez à *Égoïsme*) plus ou moins accentués.

PRÉTENTION. (Voyez à *Affectation.*)

PETITESSE D'ESPRIT. Forme banale et régulière des lettres; peu de hauteur dans l'écriture. Aucun excès, aucun trait personnel; grand soin des détails orthographiques; traits légers; pleins et déliés attentivement accentués, soin calligraphique.

PEUR. (Voir à *Timidité* et *Découragement.*)

PHILOSOPHIE. (Voyez à *Abstraction.*)

POÉSIE. (Voyez à *Art.*)

POSE, POSEUR. (Voyez à *Dissimulation* et à *Factisation*, ainsi qu'à *Ecriture artificielle.*)

POSSESSION (AMOUR DE LA). (Voyez *Economie* et *Avarice.*)

PRÉTENTION. Ecriture dont les majuscules ou minuscules sont ornées de panaches, traits, barres, enjolivures ou fioritures, de bon ou de mauvais goût. Esprits recherchés, factisés, poseurs; coquetterie, raffinement.

PRODIGALITÉ. (Voyez à *Dépense.*)

PRUDENCE. Ecriture peu penchée, souvent mots penchés et mots redressés. Jambages courts. Espaces réguliers entre les mots et les lignes. Abus de points, après la date, après la signature, sur l'enveloppe. Mots diminuants vers la fin.

PUDEUR. (Voyez à *Chasteté.*)

ESSAI DE BIBLIOGRAPHIE GRAPHOLOGIQUE

BALDI BUONENSIS (Amili). « De ratione cognoscendi mores et qualitates scubentis ex ipsius epistola missiva. » Bononiæ, 1664. »

BEAUCHAMP (G. de). « Les Indications de l'Ecriture. Paris, 1890.

BILANDE. « L'art de juger l'homme par son écriture. »

B. (Louis). « Le Graphologue ». In-8°, 1874.

CARRIER-MICHON. « Abrégé de Graphologie ». In-12, 1885.

COUILLAUX (Adrien). « Etude sur la Graphologie ». In-8° La Rochelle, 1890.

CRÉPIEUX-JAMIN. « L'Ecriture et le Caractère ». Paris, Félix Alcan. Ed. in-8°, 1884.

J. CRÉPIEUX-JAMIN. « Traité pratique de graphologie, étude du caractère de l'homme d'après son écriture. » Paris, Marpon et Flammarion, 1885, in-12, XV-286 pp.

DESBAROLLES et Jean HIPPOLYTE. « Les mystères de l'écriture. Art de juger les hommes par leur orthographe. » 1872, Paris, Garnier, in-12, LXXVI-517 pp.

DUBOIS (Alexandre). « Notions élémentaires de graphologie ou Etude de la nature intime de l'homme par les formes de son écriture », d'après la méthode de M. l'abbé Michon, inventeur. Paris, impr. A. Davy, successeur de A. Parent. 1888, in-8°, 20 pages.

HENZE (Adolf). Die Chirogrammatomantie oder Lehre den Charakter, die Neigungen, die Eigenschaften und Fahigkeiten der Menschen aus der Handschrift zu erkennen und zu beurtheilen. » Nit 1000... Handschriften... Leipzig, Weber, 1862, 8°, IV-326 pp.

« La Graphologie, journal des autographes. »

MICHON (Jean-Hippolyte). « Lettres à M. Desbarroles. » Orléans, imp. Barchet, s.-d., 4°.

MICHON (Jean-Hippolyte). « La Graphologie ou l'art de connaître les hommes d'après leur écriture. Photographie de l'âme. Portrait intellectuel et moral. » Paris, au bureau du journal « la Graphologie », 1878, in-18, 35 pp.

MICHON. « Dictionnaire des notabilités de la France jugées d'après leur écriture. »

MICHON. « Histoire de l'écriture. »

MICHON (Jean-Hippolyte). « Méthode pratique de Graphologie. L'art de connaître les hommes d'après leur écriture, pour faire suite au système de Graphologie. » Troisième édition. Paris, Ghio, 1885, in-18, 216 pp.

MICHON (Jean-Hippolyte). « Système de Graphologie. L'art de connaître les hommes d'après leur écriture. » Septième édition. Paris, Ghio, 1884, in-12, 323+33 pp.

MICHON (Jean-Hippolyte). « Mémoire à consulter aux magistrats, aux avocats, aux avoués, sur la méthode vicieuse des expertises en écriture suivie jusqu'à ce jour et sur l'intervention heureuse de la science graphologique pour découvrir le vrai en matière d'écritures contestées. » Paris, bureau de la « Graphologie », 1880, in-18, 72, pp.

MICHON (J.-H.) « Application de la science graphologique à la découverte des écritures déguisées. Expertise sur l'autographe anonyme intitulé « la grande cavalcade des cornichons verts ». Paris, bureau du journal « la Graphologie », 1880, in-18, 36 pp.

MICHON (J.-H.) « De l'intervention de la science nouvelle « la Graphologie » dans les causes judiciaires. Faux testament Bonniol. Mémoire adressé à la magistrature, au barreau et aux hommes d'affaires. » Paris, bureau du journal « la Graphologie », 1878, gr. in-8°, 24 pp.

MICHON (Jean-Hyppolyte). « Histoire de Napoléon Ier d'après son écriture. » Paris, Dentu, 1879, in-18. XIV-216 pp.

MICHON (J.-H.) « Un dernier mot sur le faux testament Bonniol ». (Extrait du n° 5 de la « Graphologie », du 1er mars 1878). Montpellier, typ. Boehm, in-4°, 4 pp. »

MOND (Louise). « La Graphologie comparée ». In-8°, 1876.

SCHWIEDLAND (Eugen). « Die Graphologie. Geschichte, Theorie und Begründung der Handschriftendeutung. 2e Auflage. » Berlin, Schorer, 1883, in-8°, 43 pp.

ROUGEMONT (Albert de). « Causerie sur la Graphologie à propos du signe de l'égoïsme. » Neuchâtel, A. G. Berthoud, 1889, in-8°, 58 pp.

RIOLS (I. de) (E. N. SANTINI). « La Graphologie ». In-8°, Paris, Le Bailly, 1887.

THRITH (John). « How read a character in handwriting ». Ward Look. London, 1889.

VARINARD (A). « Cours de graphologie en sept leçons pour apprendre rapidement et sans peine à juger de la valeur intellectuelle et morale des hommes d'après leur écriture et à rendre claire et facile l'étude du système et de la méthode de J.-H. Michon. » Paris, aux bureaux de « la Graphologie », 1884, in-16.

VARS (Emilie de). « Histoire de la graphologie... précédée d'un abrégé du système de graphologie. » Troisième édition, corrigée et augmentée, avec une préface par J.-H. Michon. Paris, bureau du journal « la Graphologie », 1879, in-12, 72 pp.

WHITE (Mme John). « How to barn character from handwriting ». Simpkins Marshall. London, 1890.

TABLE ALPHABÉTIQUE

DES NOMS CITÉS DANS CET OUVRAGE

TABLE DES MATIÈRES

ALPHABET GRAPHOLOGIQUE

ÉMILE COLIN. — IMPRIMERIE DE LAGNY.

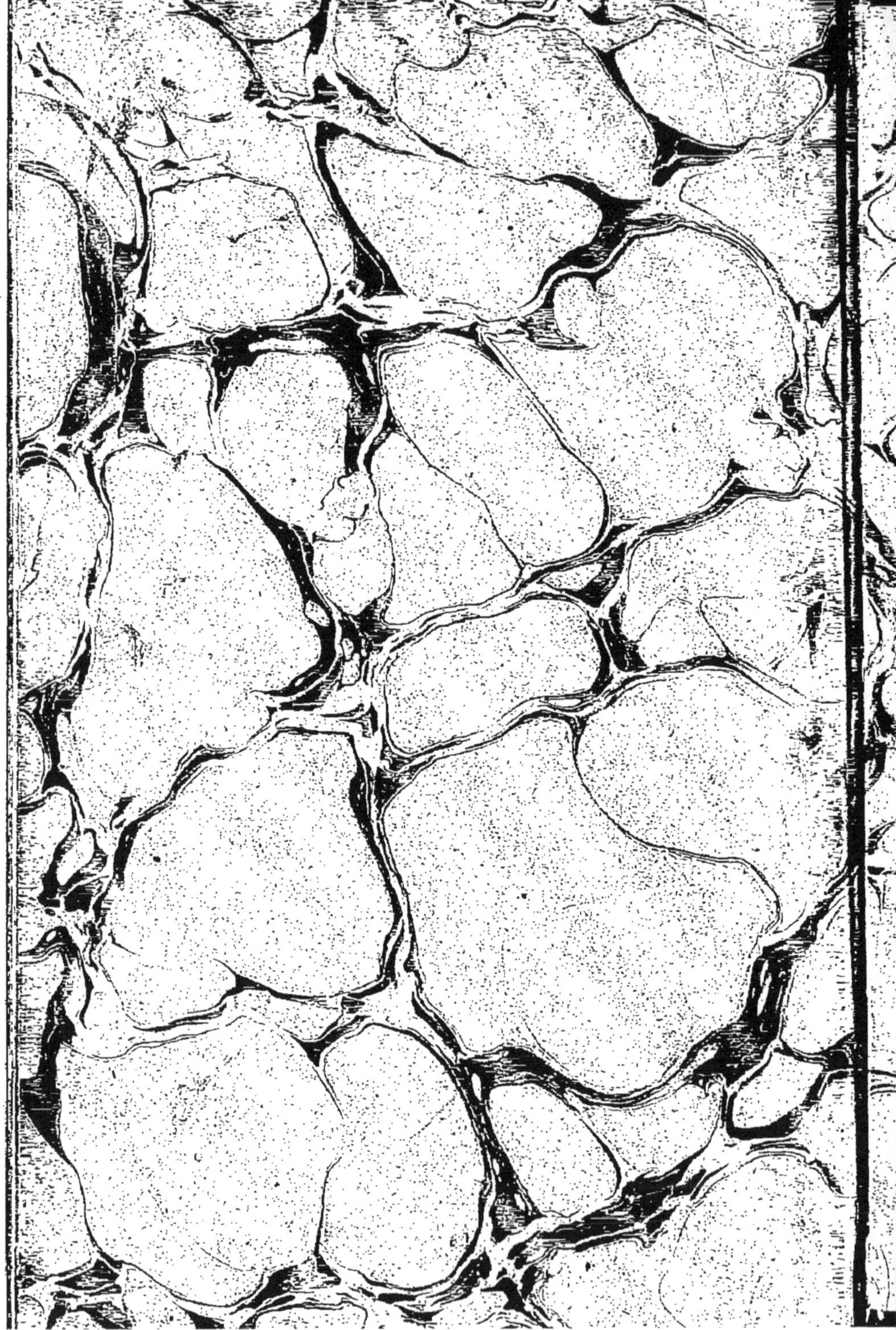

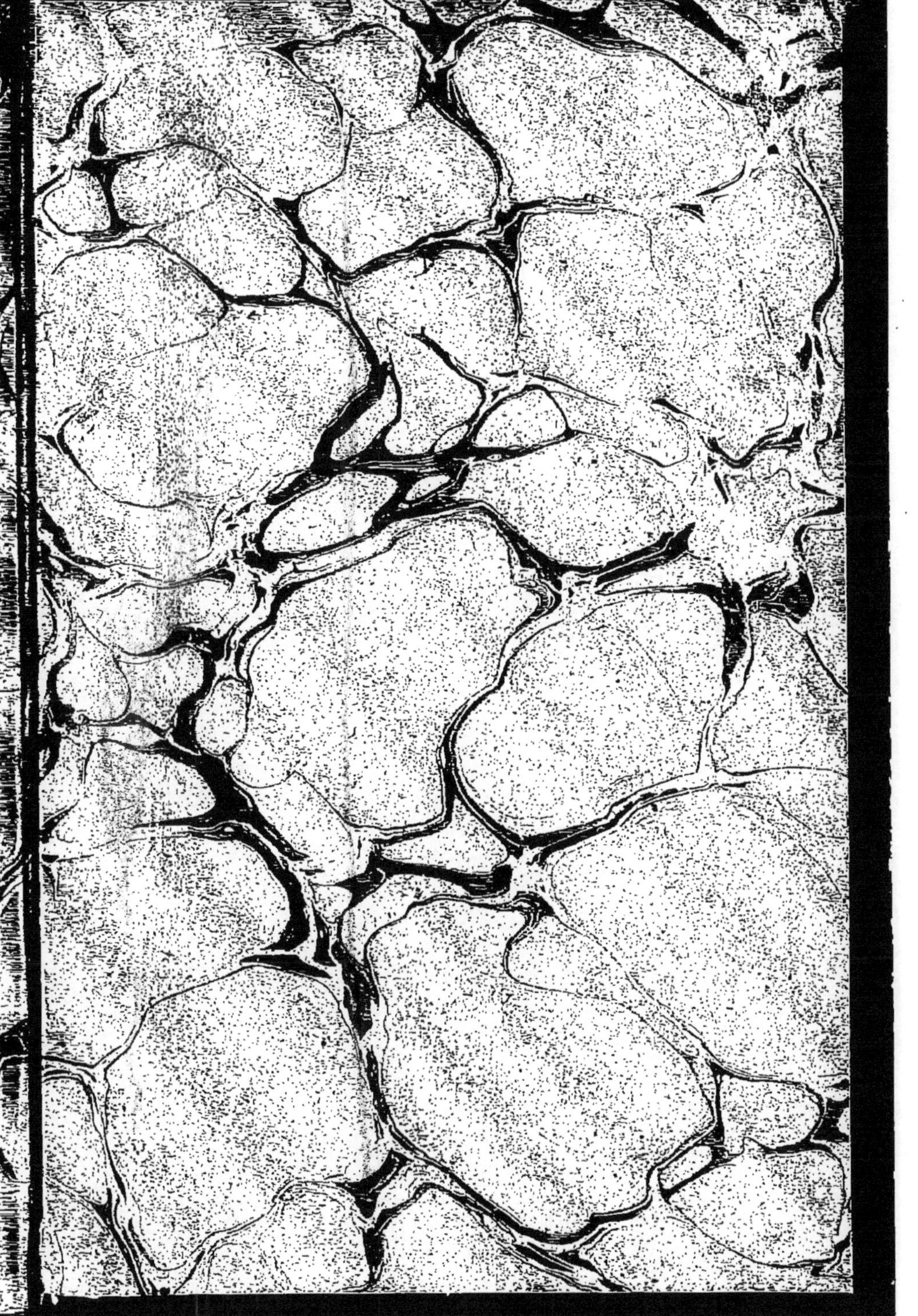

www.ingramcontent.com/pod-product-compliance
Ingram Content Group UK Ltd.
Pitfield, Milton Keynes, MK11 3LW, UK
UKHW020308230726
13925UKWH00001B/277